D1264283

Les éditions Planète rebelle remercient le Conseil des
Arts du Canada de l'aide accordée à leur programme
de publication, ainsi que la Société de développement
des entreprises culturelles du Québec (SODEC) et le
«Gouvernement du Québec – Programme de crédit
d'impôt pour l'édition de livres – Gestion SODEC».
Nous reconnaissons également l'aide financière du
gouvernement du Canada par l'entremise du «Fonds
du livre du Canada» pour nos activités d'édition.

Révision : Janou Gagnon
Correction : Corinne De Vailly
Design graphique : Marie-Eve Nadeau
Correction d'épreuves : Gilles G. Lamontagne

© Planète rebelle, 2014
Imprimé au Canada

Dépôt légal : 1er trimestre 2014
Bibliothèque et Archives nationales du Québec
Bibliothèque et Archives Canada

ISBN : 978-2-924174-16-6
www.planeterebelle.qc.ca

Jani Pascal

La Belle Jarretière verte

Conte initiatique
suivi d'une analyse symbolique

« Regards »

Table des matières

Préface

Chaque nuit, un rêveur se raconte des histoires. Il utilise toutes sortes de matériaux laissés là en vrac dans la mémoire par les expériences du passé. Plus près de lui, les événements de la veille sont souvent appelés en renfort. Très habile et intelligent, le rêveur fabriquera du sens, concevra des contes dans le langage de l'imaginaire, cette si belle langue du sensible et du mystère. Grande poésie onirique...

Mais que raconte-t-il dans ses rêves? Parfois, ce n'est que bavardage, comme font les commères sur le perron de la maison. On n'est pas encore dans le sérieux. Souvent, toutefois, les rêves mettent en scène son drame intérieur. Des conflits plus ou moins profonds et violents émergent alors dans le discours inconscient du rêve. Ces déchirures de l'être qu'on ne veut pas reconnaître dans la lumière de la conscience...

Ce qu'on ne sait pas d'habitude, c'est que le rêveur, nuit après nuit, retravaille le sens de ses rêves, afin de trouver une voie de solution à ses conflits intimes. Il ne se contente pas de les énoncer, il cherche courageusement à les dépasser en accédant à une position plus confortable. Dans le drame œdipien, par exemple, il parvient alors à choisir pour partenaire sexuel une autre personne que l'un de ses parents, père ou mère. C'est ainsi que, dans le travail du rêve, le rêveur trace jour après jour son destin dans la vie, dans sa vie avec l'autre.

Un peuple aussi rêve dans la nuit de son inconscient.

J'ai connu une famille paysanne dont les membres avaient l'habitude de se raconter leurs rêves tous les dimanches matin. C'était une sorte de lien étroit entre frères et sœurs, entre les parents et les enfants. Ils vivaient ainsi avec un certain inconscient familial. D'autant plus qu'ils s'étaient donné un code commun d'interprétation : un cheval qui tombe désignait une mort possible dans l'immense parenté. Cela relevait du social, peut-être même du sacré, puisque cette cérémonie des rêves avait lieu le dimanche, jour du Seigneur.

On sait aussi la place qu'occupent les rêves dans beaucoup de civilisations dites primitives. Ceux-ci mettent étroitement en rapport avec les anciens, toujours vivants et actifs dans un autre monde. De ce lieu, non seulement ces derniers continuent d'être présents dans la vie de la communauté, mais ils en infléchissent le destin. On est alors de plain-pied dans l'univers du sacré, du mystère.

Les sociétés, les peuples se racontent aussi dans de nombreux récits par lesquels ils disent, dans un langage imagé, la ou les énigmes qui les habitent douloureusement dans leur existence collective intime. Comme pour les rêves, ces histoires auront la double fonction de rendre présents pour la collectivité les conflits collectifs et d'élaborer des voies de résolution.

Certains de ces récits deviendront des mythes dans l'une ou l'autre société. Les Grecs de l'Antiquité en ont retenu une multitude, mais d'autres peuples n'en garderont que quelques-uns et d'autres n'en privilégieront qu'un seul.

Dans tous les cas, ceux-ci représentent la pensée profonde ou inconsciente d'une communauté, de même que les lignes plus ou moins tortueuses de son destin.

Un psychanalyste interprétera ces contes ou ces mythes avec ses gros sabots, en utilisant un appareil conceptuel lourd et complexe. Il fera sur ceux-ci un travail de démystification. Sa tâche consistera à désacraliser le contenu d'une histoire personnelle ou d'un récit collectif. C'est un abominable agent destructeur du merveilleux.

Jani Pascal, poète et comédienne, déploie plutôt un regard clair, pur de toutes pensées étrangères. Le regard des yeux à la lumière naissante du matin... Avec elle, on est dans le merveilleux, dans le mystère. Heureuse et bienfaisante aventure de l'esprit...

Passant par le filtre magique de sa belle sensibilité, ses contes sont racontés dans le style d'une poésie narrative : elle introduit dans son texte des rimes qui font musique et, surtout, elle propose, par l'utilisation de vers libres, une certaine scansion du récit qui en manifeste le souffle intérieur. C'est un grand plaisir de les lire.

Et l'analyse d'un de ces contes, *La Belle Jarretière verte*, nous introduit dans l'intelligence simple et sage du récit. « Se glisser dans un récit imaginaire », nous propose-t-elle.

C'est ce que nous ferons maintenant en sa compagnie.

Claude Brodeur
Psychanalyste et philosophe

Mon manifeste des contes populaires

À 80 ans, j'ai encore la passion des contes
et, aujourd'hui, je m'offre la fantaisie
de présenter aux amateurs du genre,
jeunes conteurs et lecteurs aguerris,
un ouvrage à plusieurs facettes.

Par *La Belle Jarretière verte*
et l'analyse symbolique qui suit,
j'aimerais, si d'aventure le conte vous passionne aussi,
partager avec vous, en toute convivialité,
la somme des réflexions et intuitions
qui se bousculent dans ma tête
à l'occasion de ce trente-septième conte
de ma composition.
Je vous confierai, sans prétention,
des bribes de ma démarche
précédant l'écriture d'un conte traditionnel,
le plaisir éprouvé lors de cette étape.
Le défi de l'écriture.
L'hésitation quant au choix du mot juste.
Et la façon de le dire
pour que la voix le valorise
et le rende plus intelligible à l'auditoire.
Misant sur votre indulgence,
voire votre complicité tacite, je tente l'escalade
et je serai heureuse si jamais cet ouvrage
pouvait être utile à certains lecteurs,
en plus de leur être agréable.

Sur ce point, j'aime citer Yvette Guilbert qui disait, dans
L'art de chanter une chanson :

> Pour l'acteur, comme pour la diseuse de chansons,
> cette science du beau parler doit s'augmenter de
> la science d'allumer ou d'éteindre les mots, de les
> plonger dans l'ombre et dans la lumière, selon leur
> sens, de les amoindrir ou de les simplifier, de les
> caresser ou de les mordre, de les sortir ou de les
> rentrer, de les envelopper ou de les dénuder, de les
> allonger ou de les réduire[1]...

Je plonge tout de go !
Selon la classification des folkloristes,
les contes populaires se divisent en quatre catégories :
    les contes merveilleux ou contes de fées ;
    les contes d'animaux ;
    les contes à rire ou facéties ;
    et les contes religieux.

La Belle Jarretière verte appartient
à la première catégorie,
les contes merveilleux.
Partageons ensemble quelques caractéristiques
propres à ce genre.
Le conte merveilleux, ou conte de fées,
est un récit dont on ne connaît pas exactement l'origine.
Transmis oralement par des conteurs
depuis des générations,
le conte populaire ne cherche pas à démontrer.

---

[1] Éditions Bernard Grund, 1928. Ce qu'approuve Nadine Audoubert,
dans *Dussane ou la servante de Molière*, Éditions France-Empire, 1977,
p. 148.

Il est là avant tout pour divertir.
Il étale ses embûches, ses luttes, ses victoires,
mais y ajoute la présence du « surnaturel », du **magique**.
Le magique qui déploie sa puissance
à transposer l'inexplicable.
Résistant aux modes,
il énonce des thèmes véhiculés
de bouche à oreille depuis des siècles,
voire des millénaires,
pour rappeler aux nouvelles générations
les différentes étapes que la vie peut leur réserver.
Il laisse également dans son sillage la conviction
qu'il sera possible pour l'auditeur, à son tour,
de surmonter des tribulations
équivalentes à celles du héros.

La classification internationale des contes-types
nous apprend
que l'on trouve les mêmes thèmes
presque partout dans le monde.
Comme, de tout temps, il y a eu des voyageurs,
des marchands, des explorateurs,
les contes ont suivi leurs routes.
Et ils ont pris la couleur des différents lieux
où ils ont été racontés.

À ce chapitre,
notre imaginaire n'est pas en reste
pour ce qui est d'habiller un thème.
Au Québec, au Canada français,
nos archives de folklore en font foi.
Là, tous nos contes sont catalogués et numérotés
par « conte-type » et par « motif ».

Le « conte-type » est un conte traditionnel
qui a une existence indépendante.
Il peut être narré comme un récit complet
et ne relève pas d'autres contes quant à sa signification.
Le « motif » est le plus petit élément dans un conte,
qui a le pouvoir de persister dans la tradition.
Pour acquérir ce pouvoir, il doit avoir
quelque chose d'inusité et de frappant.

Il y a plusieurs années, voyant cette richesse dormir,
aphone au fond des archives,
j'ai acquis le goût d'en transmettre une parcelle.
Je me suis astreinte,
pour respecter la parole conteuse de ceux et celles
qui nous ont précédés,
à n'utiliser que des contes-types
et leurs motifs trouvés ici, au pays.
Habituellement, je lis et analyse plusieurs versions
d'un même conte-type
avant de composer ma propre version
et de la raconter à mon tour.
Comme je viens du monde du théâtre et de la télévision,
mon objectif était de redonner une vie à ces histoires.
J'ai tenté d'insuffler à mon écriture
la fascination du dire, de la parole.
En somme, j'ai rédigé mes contes
pour qu'ils soient lus à haute voix.
J'y ai mis des sonorités, des rimes et des rythmes
pour accentuer certains effets d'élocution.
Pour en favoriser l'interprétation,
j'ai choisi le style des vers libres.
Ainsi le conteur, à toutes les fins de lignes,
est guidé par des pauses et des respirations.

Et comme je n'écris des dialogues
que pour deux personnages à la fois,
il est amusant pour le conteur de jouer, à sa guise,
sur un accent ou une intonation et de l'un,
et de l'autre rôle, au gré du suspense.

La rime?
Oui, elle est parfois ratoureuse.
Elle surprend la logique
à cause des tournures inusitées qu'elle emprunte.
Elle déstabilise l'attention par son manque
de conformité au discours courant
et, de ce fait, tient en haleine l'auditoire.
Je remarque également que la rime
souligne la naïveté du récit.
Elle soutient, avec le sourire, la simplicité
de la structure du conte.
Bien sûr, cette affirmation n'engage que moi,
les puristes ne jurant que par la parole
dite « spontanée »
(je reprends leur propre adjectif) pour raconter.
Cette tournure que je donne au récit,
c'est mon étape de création.
Et je prends là un vif plaisir à me raconter une histoire.

Revenons donc au conte merveilleux
caractérisé par un élément surnaturel.
Un élément magique qui fait dévier l'intrigue
de l'ordinaire, du quotidien.
Les situations inextricables du scénario
se résolvent par enchantement.
Les tribulations du héros trouvent leur dénouement
sur un mode enchanteur.

Cet élément surnaturel peut être une fée,
un monstre, une baguette magique, une ruse, etc.
Les contes populaires, sous leur forme ludique,
qui ont traversé les âges,
avaient des messages à nous transmettre.
C'est peut-être l'activité pédagogique
la plus ancienne que l'on connaisse.
Sous des dehors de textes divertissants,
ils répètent, au fil des générations,
comment s'y prendre pour déjouer les étapes,
les embûches de la vie.
Ils ne font jamais la morale.
Ils indiquent cependant toujours,
grâce à l'élément magique,
les outils dont il faut se servir
pour contrer le mauvais sort.
L'engouement,
depuis des siècles, pour ce genre de divertissement,
ne s'est atténué qu'avec l'arrivée de la radio,
de la télévision, du monde électronique,
jusqu'à maintenant.
L'on peut affirmer, fort de cette longévité,
que le conte perpétue l'intérêt soutenu
pour son contenu à sa force d'évocation.
Cette attraction est due, entre autres,
aux symboles qu'il véhicule.

Ceci pose un autre problème, qui n'intéresse plus le folkloriste ni l'ethnologue, mais qui préoccupe l'historien des religions et finira par intéresser le philosophe et peut-être le critique littéraire, car il touche aussi, bien qu'indirectement, à la « naissance de la littérature ». Devenu en Occident, et depuis longtemps, littérature d'amusement (pour les enfants et les paysans) ou d'évasion (pour les gens de la ville), le conte merveilleux présente néanmoins la structure d'une aventure infiniment grave et responsable, car il se réduit en somme à un scénario initiatique : on retrouve toujours les épreuves initiatiques (luttes contre le monstre, obstacles en apparence insurmontables, énigmes à résoudre, travaux impossibles à accomplir, etc.), la descente aux Enfers ou l'ascension au Ciel, ou encore la mort et la résurrection (ce qui revient d'ailleurs au même), le mariage avec la princesse. Il est vrai, comme l'a très justement souligné Jan de Vries, que le conte s'achève toujours par un *happy end*. Mais son contenu proprement dit porte sur une réalité terriblement sérieuse : l'initiation, c'est-à-dire le passage, par le truchement d'une mort et d'une résurrection symboliques, de la nescience et de l'immaturité à l'âge spirituel de l'adulte. La difficulté est de dire quand le conte a commencé sa carrière de simple histoire merveilleuse décantée de toute responsabilité initiatique. Il n'est pas exclu, au moins pour certaines cultures, que cela se soit produit au moment où l'idéologie et les rites traditionnels d'initiation étaient en voie de tomber en désuétude et où l'on pouvait « raconter » impunément, ce qui exigeait, autrefois, le plus grand secret. Mais il n'est pas du tout certain que ce processus ait été général. Dans nombre de cultures primitives, où les rites d'initiation sont encore vivants, on raconte également des histoires initiatiques, et ceci depuis longtemps[2].

C'est en voulant comprendre de l'intérieur
cette communication
que l'idée m'est venue d'interpréter
symboliquement un conte.

---

[2]   Mircea Eliade, *Aspect du mythe*, Gallimard, collection « Idées », 1963, p. 242-243.

L'exercice procède d'un tout autre cheminement
que l'étape de sa création.
Comme artiste, ma grille d'analyse ne relève
que de ma perception.
Si les symboles sont destinés à faire penser,
chacun peut interpréter un conte.
Comme le rêve est un phénomène
qui n'épargne personne,
tout individu peut avoir une explication
aussi valable que son voisin
sur le phénomène nocturne.
Surtout s'il s'agit de son propre rêve.
En tenant pour acquis que tous les personnages
et les événements
sont des émanations de notre légendaire Ti-Jean,
les interprétations symboliques
couleront comme des évidences.

S'il est possible d'écrire pour être lu à haute voix,
je me demande si l'on peut suggérer au lecteur
de lire les yeux mi-clos.
Comme au réveil.
Alors que le rêve souhaiterait
que l'on referme les paupières
pour en saisir tout son sens caché.
« C'est le fond qui manque le moins »,
comme a dit un fabuliste.

La Belle Jarretière verte

Conte-type 313

Il était une fois un jeune prince.
Bien de sa personne. Fort. Beau. Grand. Mince.
Tout lui souriait.
La vie. La chance. Le succès.
Il n'avait qu'une chose dans les méninges :
jouer aux cartes des journées entières.
Au château. À l'auberge. Au cimetière.

La reine et le roi, ses parents,
avaient une colossale fortune.
Aussi, quand au jeu il perdait de l'argent,
il en redemandait. C'était sa coutume.

Il avait cloué sur la porte de chêne,
écrite en lettres d'or, cette enseigne :

JE DÉFIE QUI QUE CE SOIT
DE JOUER AUX CARTES AVEC MOI.

Un matin, après le déjeuner,
se promenant sur le pont,
le prince croisa un sorcier
au caluron[3] vissé sur le front.

---

[3]   Sorte de chapeau, petite casquette sans visière ; de l'ancien français
« galeron », remplacé aujourd'hui en argot par « galurin ».

— Ti-Jean, j'ai lu ta pancarte.
>Comme ça, tu es le meilleur aux cartes?
>Laisse-moi donc vérifier
>Cette virtuosité.

— Ah! immédiatement, si vous voulez!
>Justement, j'ai un jeu dans ma poche.
>Traversons de l'autre côté.
>Installons-nous sur cette roche.

— En trois parties j'établis l'enjeu.
>Le gagnant pourra demander ce qu'il veut.
>Mais le perdant doit s'engager à exaucer
>ses vœux.

— Convenu! Convenu ! Convenu!
>Mais sachez, monsieur l'inconnu,
>que jamais une partie je n'ai perdue.

>*Brassons, mêlons,*
>*brouillons les cartes.*
>*Les bâtons, les deniers,*
>*les coupes et les épées.*
>*Prenons, coupons,*
>*donnons les cartes.*
>*Amour, fidélité,*
>*fortune et liberté.*

L'étranger est défait.
C'est à Ti-Jean que sourit le succès.

— Que désires-tu, Ti-Jean?

— Je désire avoir
        dans ma cour, à l'aurore,
        cent chevaux noirs.
        Ferrés d'or.

*   Brassons, mêlons,*
*   brouillons les cartes.*
*   Les bâtons, les deniers,*
*   les coupes et les épées.*
*   Prenons, coupons,*
*   donnons les cartes.*
*   Amour, fidélité,*
*   fortune et liberté.*

Ti-Jean a quatre as en main.
Le visiteur n'y peut rien.

— Que désires-tu, Ti-Jean ?

— Je désire avoir
        dans ma cour, à l'aurore,
        cent bœufs noirs.
        À cornes d'or.

*   Brassons, mêlons,*
*   brouillons les cartes.*
*   Les bâtons, les deniers,*
*   les coupes et les épées.*
*   Prenons, coupons,*
*   donnons les cartes.*
*   Amour, fidélité,*
*   fortune et liberté.*

Troisième partie. Revers complet.
Réussite! Pour le sorcier au bonnet.

— Inconnu,
        que désires-tu?

— Je veux que tu me rejoignes dans ma cour.
        D'ici à un an et un jour.
        Je ne te laisserai pas mon adresse.
        Rien que mon nom, pour que tu me connaisses.
        Je suis Bonnet-Rouge.
        Et souviens-toi,
        si tu ne me retrouves,
        malheur à toi!

Bonnet-Rouge disparut.
Ni vu ni connu,
Bossu! Pansu!
Bonnet pointu!

Le lendemain, mugissant, hennissant
à l'ombre des contreforts,
deux cents bêtes noires, incrustées d'or,
ébahirent la reine et le roi.

— Mais, Ti-Jean, d'où nous vient tout cela?

— Mère, je devine déjà vos remarques.
        Ces deux troupeaux que voilà,
        je les ai gagnés aux cartes.

En jouant deux parties sur trois.
Toutefois, en perdant la troisième,
j'ai contracté une dette extrême.

— La loi du Ciel est pourtant claire:
« Pas de jeux de cartes sur la terre. »
Toi et ta damnée passion du jeu!
Ce que tu peux nous être ruineux!
Ne te souviens-tu pas de saint Joseph?
Il a joué. Et a perdu les clés du paradis!

— Oui! Oui! Mais du paradis,
saint Pierre, lui, est devenu le chef!
Un jour, je ferai comme lui.

— Un jour aussi, nous en mourrons.
Toujours la même rengaine!
Enfin, nous paierons,
qu'à cela ne tienne!

— Non, père. Nul paiement
ne me déchargera de mon engagement.
Je dois retrouver,
d'ici à une année et une journée,
un dénommé
Bonnet-Rouge, avec lequel j'ai joué.

— Quoi? Tu as bien dit Bonnet-Rouge, Ti-Jean!
Apprends donc que ce rôdeur sans âme
est un magicien infâme
qui a tué tous les jeunes gens
qui lui ont prêté serment.

Rien! Rien n'a retenu le joueur.
Ni les raisonnements ni les pleurs.
Le prince n'eut désormais
qu'un seul souhait:
retrouver l'étranger au bonnet.
Il quitta à pied le palais.

Il marcha de mâtines à midi.
Il marcha de midi à minuit.
Entre la neige ou la brume,
douze fois, il verra la nouvelle lune.

Un bon jour, à l'entrée d'une caverne,
une petite lanterne
attire son attention.
Il y voit une vieille, trembloter du menton.

— Ah! Mon grand bonguenne[4]!
          Que trafiques-tu sur mon domaine?

— Je cherche Bonnet-Rouge, ma bonne dame.

— Je ne suis ni ta bonne dame
          ni de bonne humeur!
          Et n'ai pas vu ton bonnet de couleur.
          Cependant, jeune écornifleur,
          si tu continues sur ce sentier,
          tu arriveras chez ma sœur,
          elle a deux cents ans, bien sonnés.
          Mais gare à toi,
          c'est une vieille fée
          toute ratatinée et plutôt polissonne.
          Moi, je l'appelle: la matrone qui grogne!

---

[4]   Mon sacré bougre.

Après un an de recherche, épuisé,
Ti-Jean n'a pas le désir de farfiner[5].
Il suit le conseil de la piquante hérissonne
et arrive chez la rébarbative bougonne.
Celle-là, faisant peur à dégriser un ivrogne,
lui ordonne d'un gosier de trombone :

— Déguerpis,
          bandit !
          Ou je te réduis
          en bouillie !
          Cela dit,
          tu peux toujours demander
          à ma sœur,
          de trois cents ans bien sonnés
          qui habite cette allée,
          si elle n'a pas vu traîner
          ton bonnet.
          À l'odeur, tu la reconnaîtras !
          Moi, je l'appelle : la chipie qui pue !

Si cette venimeuse fée
a un gosier à écorcher les oreilles,
la troisième sœur empeste à écœurer.
Autant que du vin de radis ranci en bouteille.

— Bonjour ! Bonjour, viens mon Ti-Jean.
          Je sais qui tu cherches en ce moment.
          Viens t'asseoir à mes genoux. Viens. Bouge.
          Je te dirai où trouver Bonnet-Rouge.

---

[5]   Ou « fafiner » : faire le difficile.

Le cou au fond de l'encolure,
Le regard visant ses chaussures,
hésitant, se pinçant
et le bec et le nez,
Ti-Jean
s'accroupit aux pieds
de la vieille fée.

À peine a-t-il la nuque dans son giron
qu'aussitôt, il pique un roupillon.

> Dor_____mi, dor_____mons,
> Ti-Jean, petit croupion,
> rê_____vi, rê_____vons,
> tu perdras la carte,
> son_____gi, son_____geons
> jusqu'à ce que tu « discartes »,
> menson_____gi, menson_____geons,
> le diable de ta maison.
> Réveilli! Réveillons!

— Pouah! Ça sent le putois!
          Mais qu'est-ce que je fais là?

Une étincelle dans les yeux,
voilà Ti-Jean qui bondit
comme une couleuvre à qui
l'on marche sur la queue.
Il est certain
que la caboche enfouie
dans les plis
de la sale bougrine [6],

---

[6] Longue veste doublée, conçue pour lutter contre le froid,
     communément appelée « canadienne ».

l'irrespirable parfum de chou pourri
lui a titillé les narines.
Qu'a-t-il pressenti de si urgent,
la tête sur les genoux de la mémé?
Bonnet-Rouge! Son créancier!
Il sait maintenant où le débusquer!

— Merci, mille mercis, grand-mère!

— Bonne chance, petit!
        Et n'oublie pas la jarretière!

Dans le ciboulot du jeune débiteur,
un schéma est tout tracé
pour l'orienter vers la demeure
du fameux sorcier.
Que lui a-t-elle donc inspiré
à travers ses relents viciés,
cette vieille bougresse,
qu'à présent,
Ti-Jean sait comment
remplir sa promesse?

En un court parcours d'un jour.
De droites lignes.
De légers détours.
De cent pirouettes malignes.
Il a tant couru!
Il a tant sauté!
Il a tant dansé!
Avec le secret de la mémé.
Qu'il est arrivé tout énervé
au bord d'un lac isolé.

— J'y suis enfin!
Tiens! Tiens! Tiens!
Les filles!
Je les vois qui se baignent, ces séduisantes filles.
Voici également leurs vêtements!
Des bleus. Des rouges. Des verts.
Des robes. Des cotillons. Des espadrilles.
Ah! Ça y est! Ha! ha! Voici la jarretière!
Derrière ces aulnes touffus,
attendons qu'elles soient revenues.

Dissimulé pour que rien ne bouge,
la petite jarretière verte à la main,
Ti-Jean surveillait, à leur bain,
les trois filles de Bonnet-Rouge.

Après les folâtres ébats,
elles sont revenues s'habiller.
Mais... la plus jeune des baigneuses,
s'éloignant de ses sœurs aînées,
s'est écriée:

— Il me manque une jarretière!
Ne l'avez-vous pas trouvée?

— Psitt! Psitt! Hé! Hé! Hé!
C'est ce que vous avez égaré?

— Oh! Un étranger! Ici?
Mais que faites-vous dans ce pays?

— Chut! Parlez tout bas.
Je n'aimerais pas
que vos sœurs me voient.

— Alors, rendez-moi ma jarretière
ou je dévoile votre tanière.

— Je vous la rendrai
à l'unique condition
que vous me conduisiez
à destination.
Une sorcière,
dans la forêt,
m'a confié en secret
que seule la propriétaire
de cette jarretière
pouvait me conduire
à Bonnet-Rouge sans me nuire.

— Si Bonnet-Rouge se rend compte
que j'ai un bas qui tombe
sur ma chaussure,
je serai punie, je vous assure.
Mon père
est très sévère
sur la tenue vestimentaire.

— Mais pensez-y,
cette fine pièce de lingerie
peut me sauver la vie!
Faites un nœud à votre bas.
Il n'y paraîtra pas.

— Un nœud! C'est facile à dire, un nœud!
Bonnet-Rouge, vous le connaissez bien peu!
Et encore s'il n'y avait que lui.
Il y a notre mère, Rouge-Bonnette, aussi.
Elle, elle devine tout.
Et la nuit lui rapporte tout.
Elle fait écho à son bonnet,
comme répète un perroquet.
Si vous saviez comme mes sœurs et moi
avons hâte de quitter ces rabat-joie.

— Sauvez-vous! Volez vers une autre direction!

— Mais nous ne le pouvons.
Nous vivons sous leur domination.
Ils nous répètent que seul le garçon
qui aura satisfait à leurs conditions
pourra nous délivrer de la réclusion.

— Vous devez bien avoir appris
certains trucs de sorcellerie?

— Certains, oui. Mais qui seraient sans effet
si nous voulions nous sauver.
Ils nous tiennent en leur pouvoir.
Oh ! Oh ! Mais... Voyons voir...
En vous racontant mon histoire,
à l'esprit il me vient
que vous pourriez collaborer à mon système
afin de résoudre mon problème!
Que diriez-vous de devenir mon adjoint?

— Moi? De l'adjoint, croyez-vous que j'aie la mine?
    Enfin, peut-être, depuis le temps que je chemine.

— Oh oui! Je vous trouve plutôt sympathique!
    Alors, donnant-donnant.
    Si je vous conduis à son portique,
    en échange, comme je veux m'évader,
    il faudra, sous serment,
    que vous m'épousiez.

— Vous... vous... vous épouser?
    Vous y allez rondement!
    Eh! Après tout, pourquoi pas?
    Vous ne me déplaisez pas.
    J'aime les paris francs
    et les grands serments.
    Juré. Craché.
    Sur la tête de la plus vieille des mémés.
    Je vous demande en mariage sur-le-champ!

— C'est à mon père qu'il faudra faire la demande.
    Mais je vous préviens, c'est non qu'il dira
    et il vous imposera
    mille pénitences.

— Quel est votre nom?
    Le mien, c'est Ti-Jean!

— Ti-Jean. Ti-Jean. C'est bien!
    Le mien... et puis, non!
    Je ne vous dis pas le mien.

— Eh bien!
　　　Vous êtes cachottiers dans la famille!
　　　Votre papa,
　　　lui, ne voulait pas
　　　que je connaisse
　　　son adresse.
　　　Tel père, telle fille!
　　　Dans cette éventualité,
　　　je vous appellerai...
　　　la belle... la Belle Jarretière verte!

— Comme vous voulez.
　　　Par contre, ce mince cordon vert,
　　　gardez-le bien précieusement,
　　　car lorsque tout ira de travers,
　　　si vous pensez à moi en le touchant,
　　　il vous servira de talisman.
　　　Et maintenant,
　　　observez de loin
　　　et suivez notre coin-coin.

　　　Coin-coin, coin-coin,
　　　coin-coin, coin-coin.
　　　Vite, changeons nos dentelles
　　　pour nos plumes de canes
　　　et volons à tire-d'aile,
　　　en droite caravane.
　　　Coin-coin, coin-coin,
　　　coin-coin, coin-coin.
　　　Qu'aucun homme ni garçon
　　　N'voient nos transformations.
　　　Père et mère, sinon,
　　　nous gard'raient en prison.

Durant cette ritournelle,
Ti-Jean
a vu les demoiselles
en canes se métamorphoser.
Et de leur vol en remous
lui indiquer
précisément
l'endroit du rendez-vous
pris il y a un an.
La jarretière accrochée aux doigts,
Ti-Jean atterrit juste au bon endroit.

— Bon sang de bon sang! Ti-Jean?
       Toi! Chez moi?

— Exact!
       Minuit moins une! Selon le pacte!
       N'avais-je pas contracté une dette de jeu?
       Après trois cent soixante-six jours,
       je te retrouve. Me voilà en ton lieu!
       Je ne te dois plus rien. Ma dette s'efface
       en ce dernier jour qui passe.

— Bon sang de bon sang! Comment?
       Tu as réussi cet exploit! Comment?

— Tu veux connaître, curieux,
       par quelle voie
       je suis venu jusqu'à toi?
       Inutile de questionner,
       je pourrais te rire au nez!
       Sois témoin de ma visite,
       et regarde-moi bien dans les yeux,

nous sommes quittes.
Je n'ai plus de comptes à te rendre.
Cependant,
je veux me faire entendre.
Non seulement
j'ai su où te débusquer,
mais j'ai su également
que tu avais trois filles à marier.
Aussi, j'ai bien l'honneur
de te demander, Monseigneur
de fière et haute ligne,
la main de ta benjamine.

— Bon sang de bon sang! Je ne suis pas fou braque.
J'ai plus d'un tour dans mon sac.
Je n'ai pas de fille à marier.
À moins de conclure un autre marché.

— Eh! Quel serait donc ce marché?

— Nous jouerons trois parties de cartes.
Si c'est moi qui marque,
je te donnerai une chance de te racheter.
Toutefois, l'enjeu sera très dur à enlever.
Tous ceux qui ont essayé,
sois-en averti, ont échoué.

— Ah oui? Raison de plus! Je plonge!
J'ai toujours un jeu dans ma poche.
À cette table, au bout de la rallonge,
installons-nous tout proche.

Brassons, mêlons,
brouillons les cartes.
Les bâtons, les deniers,
les coupes et les épées.
Prenons, coupons,
donnons les cartes.
Amour, fidélité,
fortune et liberté.

Ti-Jean est battu.
Première partie. Perdue.

— Ti-Jean, tes heures sont comptées.
  Depuis un an, tu aurais dû apprendre à jouer !
  Sache, jeunet,
  que je me suis débarrassé,
  par l'imposition d'une petite corvée,
  de tous les casse-pieds
  qui voulaient s'approcher
  de mes filles pour les épouser.

— Si je suis parvenu à te dénicher,
  je ne vois pas pourquoi
  je ne m'acquitterais pas
  de ta petite corvée.

— Holà ! Holà ! Mes filles, mes grandes !
  Conduisez ce jeune faraud à sa chambre.
  Il a besoin d'une bonne nuit de repos !
  Car demain l'attend un sacré boulot !

Sur ce, sans plus de civilités
envers son invité,
Bonnet-Rouge prend congé.
Ti-Jean,
suivant dans le couloir ces demoiselles
qui le conduisent à ses appartements,
cherche de la prunelle
celle qu'il a demandée en mariage.
Mais elles se ressemblent tant,
habillées tout de blanc,
qu'il n'arrive pas à faire le partage.

Il pénètre dans la chambre indiquée.
Mais sitôt la porte fermée,
Il entend le loquet se bloquer!
Il saisit vite la serrure.
Ouche! Du feu! En éprouve une vive brûlure!
Au même instant, un cri de frayeur
le trempe de sueur.
Du même coup, il distingue dans l'ombre
douze squelettes debout, au garde-à-vous!
Plus pénible encore, tout près de lui
au beau milieu du lit,
dans la bourre d'une paillasse moisie,
magouillent des vipères luisantes
et des pieuvres gluantes
emmêlées en nœuds visqueux.
Pire, les dégoûtants rampants
chuintent leurs petits ricanements
en pointant des yeux chassieux
vers le plafond crasseux.
D'où oscillent en hachoir
des lames de rasoirs!

— Mais je suis tombé dans un traquenard!
        Comment sortir de ce cauchemar?

Il tremble, le pauvre Ti-Jean!
Les mains dans les poches,
il trifouille la petite jarretière
et chiale comme un enfant.
Les joues dégoulinantes de larmes,
il ouvre à peine les paupières,
de peur que n'approchent
une vipère, un squelette ou une lame.

— Si, tout à l'heure, j'avais pu reconnaître
        ma belle fiancée,
        je lui aurais...

> *Un-deux.*
> *Un-deux.*
> *Un-deux-trois-quatre-cinq-six-sept.*
> *Amulette. Amulette.*
> *Pourvu que la chance te guette.*
> *Un-deux.*
> *Un-deux.*
> *Un-deux-trois-quatre-cinq-six-sept.*
> *Amour. Amour.*
> *Rends-moi la mémoire du jour.*

Il taponne la petite jarretière.
Et voilà qu'imaginant la fille qui se baigne,
cette chambre aux funestes sortilèges
se transforme en un décor douillet
où le sommeil l'emporte et le protège.

La nuit achevée,
à l'aurore,
Bonnet-Rouge
crie à s'époumoner
dans le corridor:

— Réveillez-vous, mes filles, mes enfants,
    et débarrassons-nous du cadavre de Ti-Jean.

— Du cadavre de qui, s'il te plaît?

— Bon sang de bon sang! Quoi? Ti-Jean?
    Tu es vivant!
    Et tout dispos?
    Comment as-tu passé la nuit, comment,
    avec tous mes suppôts?

— Ne t'inquiète pas de mon repos
    et parle-moi de ta corvée plutôt.

— Eh bien! Jeune vaurien!
    Puisque tu es si fin,
    tu vas me déblayer cette érablière.
    Du bord du chemin, jusqu'à la rivière.
    Je t'accorde jusqu'à minuit ce soir
    pour fendre cent cordes de bois.
    Cordées devant le saloir.
    Et voici la cognée
    que je t'ai réservée
    pour mener à bien cet exploit.
    S'il manque une seule bûche à ces cent cordes,
    tu entendras jouer les grandes orgues
    en enfilant, devant la grange,
    ta tête dans la potence!

Sous les regards du magicien
et de ses filles dans le couloir,
Ti-Jean, la hache à la main,
jette un œil dans le miroir.
Laquelle est sa fiancée d'hier soir?
Après trois minutes d'observation,
et aucune réponse à son interrogation,
il détale avec ses soucis
vers le bois de la sucrerie.
Sa réserve de pleurs à pleurer
à peine entamée...

— Cent cordes devant sa porte!
      Il n'y va pas de main morte!

Tourmenté, il détache les boutons de sa chemise
pour s'attaquer à l'entreprise.
Au premier coup de cognée,
voilà sa hache fracassée!
Comme de la fricassée!

— Quoi? Une hache de cristal?
      Ce monstre a une maladie mentale!

Eh bien! Répétons, puisqu'il faut le confesser ici:
son goût de brailler, de plus belle, l'a repris!
Les larmes ont coulé sur la jarretière volée,
comme sur le bout d'une manche pour s'essuyer.

— Si, tout à l'heure, j'avais pu reconnaître
      ma belle fiancée, je lui aurais...

Un-deux.
Un-deux.
Un-deux-trois-quatre-cinq-six-sept.
Amulette. Amulette.
Pourvu que la chance te guette.
Un-deux.
Un-deux.
Un-deux-trois-quatre-cinq-six-sept.
Amour. Amour.
Rends-moi la mémoire du jour.

Songeant à la fille de la baignade,
par enchantement, il s'est retrouvé
aussi sec qu'une tornade,
tel saint Nicolas devant le saloir!
À l'entrée.
Assis sur l'une des rangées
des cent cordes de bois cordées!

Il a sorti son mouchoir,
essuyé son nez et ses joues.
Il a tambouriné sur ses genoux!
Et crié: «Victoire!»

— Bonnet-Rouge! Sors de tes frusques!
    Viens compter tes bûches!
    J'ai là mes cartes à jouer!
    Dépêche-toi, je veux me marier!

— Bon sang de bon sang! Ti-Jean!
    Tu as tout bûché!
    Malgré l'outil que je t'ai donné?

— Absolument tout, tout, tout!
      Gabelant! Gabeli! Gabelou!

— Jeune effronté!
      Personne, sur ce ton, ne m'a jamais parlé.
      Eh bien! Allons-y, sors tes cartes.
      Qu'à cette seconde partie, je t'abatte.
      Tâche surtout de mieux jouer qu'hier
      car, alors, je te réserve une corvée
      qui te réduira en cendres et poussière.

      Brassons, mêlons,
      brouillons les cartes.
      Les bâtons, les deniers,
      les coupes et les épées.
      Prenons, coupons,
      donnons les cartes.
      Amour, fidélité,
      fortune et liberté.

— Et voici pour finir!
      Mon as de pique!
      J'ai toutes les cartes majeures dans mon jeu.
      Comment pourrais-tu faire mieux?
      Heureusement que j'ai gagné,
      sinon, j'aurais donné
      mon empire pour t'occire.

— Gros bonnet farci.
      Tu as raison encore cette fois-ci.
      Bon, les cartes ne m'ont pas souri.
      Dis-moi alors ce qu'il me faut payer,
      car je veux au plus vite me marier.

— Te marier?
  Après la prochaine corvée,
  tu vas changer d'idée!
  Je vais te montrer
  comment je me débarrasse d'un fiancé.
  Je t'accorde jusqu'à demain, minuit,
  pour récurer l'écurie
  de mes dix mille chevaux gris.
  Pour ce faire, voici la meilleure des pelles
  pour nettoyer jusqu'à la moindre parcelle.
  Et gare à toi!
  S'il reste un seul petit crottin,
  tu entendras
  jouer les tambourins
  en enfilant devant la grange
  ta tête dans la potence!

— Démon d'homme! Tu ne me donnes pas carte blanche.
  Dis tout net que je me débrouille.
  Une pelle sans manche!
  C'est un outil de citrouille!

Estomaqué,
Ti-Jean n'a rien ajouté.
À quoi bon répliquer.
Il est allé se coucher
dans la chambre hantée.
Vite et bien la nuit a passé.

Oui, il a dormi. Presque tout son soûl.
Sauf ce goût de larmes qui l'a réveillé.
Un mauvais goût.
D'un bond debout,
il a bien toussé pour l'expulser.

Mais mettant les pieds à l'écurie,
il faut croire qu'il ne s'était pas assez secoué,
un reste de sanglot a remonté.
Reniflant son chagrin.
Maudissant son destin.
S'est remis à sangloter et à re-re-sangloter.
Tant! Que les larmes lui ont bouché
et les yeux et le nez.

Dans cette odeur de moufette écrasée,
la congestion nasale l'a énervé.
Et le besoin d'un mouchoir pour expectorer
au fond de sa poche le fait chercher.

— Tiens! C'est cette petite dentelle
        qui me mène à ma perte.
        Si, au moins, j'avais parlé à ma belle,
        la Belle Jarretière verte,
        je lui aurais demandé
        une pelle
        qui porte le nom de pelle.

        Un-deux.
        Un-deux.
        Un-deux-trois-quatre-cinq-six-sept.
        Amulette. Amulette.
        Pourvu que la chance te guette.
        Un-deux.
        Un-deux.
        Un-deux-trois-quatre-cinq-six-sept.
        Amour. Amour.
        Rends-moi la mémoire du jour.

Il s'est alors retrouvé tout fantasque,
aussi sec qu'une bourrasque,
devant l'écurie! Récurée!
Il a rejoué du mouchoir
pour s'essuyer et bien voir.
Et tous les « pas-durs-d'oreilles »
l'ont entendu crier:

— Montre-toi, corneille!
        J'ai là mes cartes à jouer!
        Dépêche-toi, je veux me marier!

— Bon sang de bon sang! Ti-Jean, tu es malin!
        Avoir décrotté crottes et crottin!
        Eh bien! À malin, malin et demi!
        Mon dernier mot n'est pas dit!

— Le mien non plus,
        Et rappelle-toi, bonnet tordu
        que je meurs de me marier.
        Ton ultime partie, je vais la remporter.

Brassons, mêlons,
brouillons les cartes.
Les bâtons, les deniers,
les coupes et les épées.
Prenons, coupons,
donnons les cartes.
Amour, fidélité,
fortune et liberté.

— Ah! Ah! Cette fois, mon Ti-Jean, tu es fini!
  C'est moi qui gagnerai cette dernière partie!
  Voilà donc ma troisième corvée.
  Elle va à coup sûr t'achever.
  Approche-toi de ce puits.
  Il y a vingt ans,
  ma femme y perdit
  son anneau d'or.
  Je te somme, petit matamore,
  de retrouver
  ce bijou que plus d'un a convoité.
  Et c'est uniquement à l'aide de ce seau
  que tu puiseras dans les profondeurs de ces
  eaux.
  Si tu ne me l'as pas rapporté
  demain matin,
  tu entendras gémir le tocsin
  en enfilant, devant la grange,
  ta tête dans la potence!

Ce seau?
Il resta bête!
Il coulait comme une épuisette!
Son siau[7]!
Ti-Jean n'a pas fait l'idiot.
Il a bâillé et est allé se coucher
dans la même chambre hantée.
Au bout de la nuit,
un hoquet sournois le désengourdit.
Chialant, chiali.

---

[7]   Expression dialectique pour « seau ».

Il passa la main sous le lit
et, dans le noir,
plutôt que d'attraper son mouchoir,
agrippa la jarretière fleurie.

— Tiens! C'est cette petite dentelle...
    qui me mène à ma perte.
    Si au moins j'avais parlé à ma belle,
    la Belle Jarretière verte...

    Un-deux.
    Un-deux.
    Un-deux-trois-quatre-cinq-six-sept.
    Amulette. Amulette.
    Pourvu que la chance te guette.
    Un-deux.
    Un-deux.
    Un-deux-trois-quatre-cinq-six-sept.
    Amour. Amour.
    Rends-moi la mémoire du jour.

— Oh! Merveille des matins!
    Bonnet-Rouge, grouille-toi les reins.
    Le joyau! Viens voir. Viens!

Gosier éclairci, Ti-Jean est debout qui pérore.
Plus de mouchoir au creux de sa main.
Pas plus que mémoire de chagrin.
Mais le précieux anneau d'or!

— Bon sang de bon sang! Ti-Jean, tu es retors.
    Tu m'as coûté cent chevaux noirs à sabots d'or.
    Cent bœufs à cornes d'or.

Tu as déjoué
toutes les corvées imposées.
Cette fois, mon petit gars,
tu ne réussiras pas
à briser ma famille.
En oiseaux, je vais remodeler mes filles!

— Quel oiseleur futé tu fais!
Laisse-moi deviner ton ascendant!
Toi, tu dois tenir de l'épervier.
Mais cessons nos compliments.
Tu me donnes le goût de convoler.

— Ti-Jean, prends garde,
c'est la dernière fois
que tu te ris de moi.
À présent, à mon tour, que je te bombarde!
Je vais métamorphoser mes trois filles.
Tu devras identifier ta fiancée
du premier coup, dans la file.
Elles vont exécuter le vol olympique
sous la forme de trois blanches canettes
absolument identiques.
Ne t'attends pas d'avoir si facilement ma
nymphette!

Bonnet-Rouge a claqué des doigts
et, dans le ciel, on a entendu. Trois-Deux-Un:

Coin-coin, coin-coin,
coin-coin, coin-coin.
Vite, changeons nos dentelles
pour nos plumes de canes

et volons à tire-d'aile,
en droite caravane.
Coin-coin, coin-coin,
coin-coin, coin-coin.
Qu'aucun homme ni garçon
n'voient nos transformations.
Père et mère, sinon,
nous gard'raient en prison.

D'abord de très haut,
elles ont fait un tour.
Vraiment, de si haut !
Ti-Jean ne voyait presque rien.
À peine trois petits points
dans la clarté du jour.

Au deuxième tour,
même s'il les distinguait mieux
en vol à rebours,
les larmes lui venaient aux yeux.
Il a mis une main en visière.
Avec l'autre a agrippé la jarretière.
De même façon, il a pu observer,
au dernier envol,
la deuxième de la filée
qui retenait mal une patte folle.

Ému,
le beau Ti-Jean l'a reconnue.
Il n'a pas pu s'empêcher de penser
que, même transmuée,
la jarretière qui lui manquait

l'empêchait de garder
sa petite patte recroquevillée.

— C'est celle du milieu!

— Bon sang de bon sang! De nom de nom!
        Tu as encore raison.

De tous les pores de sa peau, il fulmina, le mage,
comme si le feu était pris au village.
Dans ce nuage, rouge de rage,
les oiselles firent leur atterrissage.
Petit répit, leur battement d'ailes
a fait une brise légère,
on eut dit l'archange Gabriel.
Une nuée qui a rafraîchi le parterre.
Pas pour longtemps.
Sur un claquement de doigts du père,
les canettes se sont transfigurées en écolières.
Toutes pareilles.
Vêtues de blanc.
Et que je sautille
dans la bisbille,
et que je froufroute
dans la déroute,
l'une et l'autre ont interverti les rangs.

— Cette fois, la benjamine... est derrière!

Palpant à poing fermé la jarretière,
Ti-Jean ne s'y trompait pas,
lui qui voyait un pli à son bas.

— J'ai réussi! On se marie!
　　　Adieu, la compagnie!

— Halte, Ti-Jean! Soit, j'ai perdu.
　　　Mais je ne te laisserai pas fuir
　　　avec ma fille comme un malotru.
　　　Quelqu'un d'autre saura t'occire.

L'apostrophe a eu son effet.
La mère Rouge-Bonnette
a surgi sur les entrefaites!

Et les choses se sont gâtées.
Plus même qu'un conte ne peut en raconter.
Vociférante, Rouge-Bonnette, la mégère,
bondissant par-derrière,
a mis à son mari
une main au collet,
tandis que l'autre lui dévissait le poignet.

— Bonnet-Rouge!
　　　Sale tête de gouge!
　　　Toutes les nuits,
　　　depuis que Ti-Jean est ici,
　　　je t'ai bien averti.
　　　À trois reprises, ne t'ai-je pas fait remarquer
　　　que s'il dormait comme un bébé
　　　dans cette chambre hantée,
　　　c'est qu'il avait le talisman de la benjamine.
　　　Sur tous les tons, je t'ai répété
　　　que notre finaude gamine
　　　n'avait plus sa jarretière verte.
　　　Qu'il fallait se méfier!

Mais non! Toi et ta manie
de jouer
et de lancer des défis!
Vois dans quel pétrin
tu nous as mis.
Maintenant, ne te mêle plus de rien.
C'est moi qui prends les choses en main.
Compris?

Un-deux.
Un-deux.
Un-deux-trois-quatre-cinq-six-sept.
Amulette. Amulette.
Pourvu que la chance te guette.
Un-deux.
Un-deux.
Un-deux-trois-quatre-cinq-six-sept.
Amour. Amour.
Rends-moi la mémoire du jour.

Durant les imprécations menaçantes de la patronne,
Ti-Jean, timide, s'est glissé aux pieds de sa mignonne.
Celle-ci a soulevé son jupon.
Jamais deux cœurs ne battirent de si belle façon.
Le garçon
a délicatement roulé l'extensible galon
sur la cuisse lisse.
Lui a chuchoté, mystérieux,
deux mots. Peut-être neuf ou dix.
Ou onze.
Sûrement une idée qui ne concernait qu'eux.
Tout est allé comme en un songe.
Elle a souri dans une incantation.

Ils ont roucoulé.
Et de cette secrète chuchoterie
se sont mués
en pigeons
dans une spectaculaire évasion.

Non sans ponctuer dans un impertinent soubresaut,
comme les vrais oiseaux,
leur réussite éclatante
par une tragique chute de fiente
sur la tête
de la Rouge-Bonnette.

♥ ♦ ♣ ♠

Je termine ici la première partie de mon conte.
En salle de spectacle, après une quarantaine
de minutes de contage et d'immobilité,
l'intérêt du spectateur pourrait se relâcher.
Ainsi, j'ai choisi de développer davantage
la première partie du conte.
Elle forme un tout équilibré.
Tout de même, j'ai eu l'occasion de raconter
mon conte en entier avec beaucoup de satisfaction.
Même sous la forme du synopsis qui suit
et le succès était au rendez-vous.

Ce que Paul Delarue, ce grand ethnologue,
écrit à propos de *La Belle Jarretière verte*,
équivaut à un baume pour les amateurs
qui croient fermement aux contes :

Ce conte est le plus long du répertoire indo-européen, un des mieux composés, des plus aimés; et dans aucun autre assemblés tant d'éléments venus du fond des âges: filles-oiseaux, métamorphoses, enchantements, objets et animaux qui parlent, opérations magiques très diverses et d'une étrangeté parfois déconcertante. Mais ces motifs, dont l'extrême ancienneté ne saurait faire de doute, sont bien antérieurs à l'opération créatrice qui les a choisis parmi bien d'autres ou prélevés dans des assemblages déjà réalisés pour en faire une construction cohérente et logique œuvre d'art véritable dont la solidité est à l'épreuve du temps [8].

Je vous offre de lire le synopsis que j'ai élaboré pour la suite. Ou j'invite, le cas échéant, un autre conteur à étoffer les motifs suivants du conte-type 313 que j'ai relevés dans nos archives de folklore. Quoi qu'il en soit, ma version du conte est présentée dans son intégralité dans l'analyse qui suit.

Vous aurez donc soin de lire ou de raconter comment la dragonne, se torchonnant la trogne, a aussitôt pris la relève.

Elle n'a ménagé ni ses jours ni ses veilles.
Elle a couru, les a rattrapés, les a reconnus,
les a enfargés [9], les a reperdus de vue.

---

[8] Paul Delarue, *Le Conte populaire français. Catalogue raisonné des versions de France et des pays de langue française d'outre-mer: Canada, Louisiane, îlots français des États-Unis, Antilles françaises, Haïti, Île Maurice, La Réunion,* en collaboration avec Marie-Louise Ténèze, Maisonneuve et Larose, 1957, premier tome, 388 pages, p. 234.

[9] Faire trébucher.

Elle a remué la planète et tous les plans
qu'elle avait en tête.
Sorcière jusqu'au bout des ongles,
elle les a pourchassés par forêt, par désert et par jungle.
Elle a fait surgir, comme à plaisir, pour les entraver,
des montagnes de savon, de brosses et d'étriers.
A-t-elle raffiné ses épreuves?
Oui, comme seules les furies le peuvent.
Elle a joué avec les pertes de mémoire.
Même avec l'énigme de la clé du manoir.
Jusqu'aux bottes de sept lieues, elle se servira,
la visionnaire, pour passer à travers des nuées:
la rouge, la noire et la bleue.

N'y pouvant suffire seule, une bonne journée,
l'affreux couple s'est raccommodé.
Travaillant de pair, ces père et mère tortionnaires,
Bonnet-Rouge et Rouge-Bonnette,
voulurent déjouer les fiancés
par une manœuvre de passe-passe secrète.
Les parents en canards se transformèrent.
Mais, pour leur malheur, ils gesticulèrent si fort,
avec leurs mauvais sorts, qu'ils en perdirent la tête.
En effet, la Belle Jarretière verte, s'amusant
avec une perche près d'un étang, lançait du grain
dans les airs pour attirer les oiseaux.
Les faux canards, feignant de picorer, se faufilèrent
pour profiter de la becquée.
Mais de trop près s'aventurèrent dans les roseaux.
La nymphette, avec en mémoire son art
de se changer en canette, les a reconnus.
Elle ne s'y est pas trompée.
Elle leur a dit:

« Vous ne serez pas au rendez-vous. »
Et, de sa baguette, elle leur a rompu le cou.

> *Un-deux.*
> *Un-deux.*
> *Un-deux-trois.*
> *Un-deux.*
> *Un-deux.*
> *Un-deux-trois.*
> *Quatre-cinq-six-sept.*

Et compte, compte, compte jusqu'à cent sept.
Les sorciers se sont emberlificotés dans leurs formules.
Ont embrouillé la science occulte.
Ils n'ont plus jamais été rougeauds.
Ils perdirent la tête, le Bonnet-Rouge
et la Rouge-Bonnette.
Et ont fini par finir comme des vermisseaux.
Morts en plein délire.

♥ ♦ ♣ ♠

De tout ce qui a été dit depuis des générations, autant dans les récits que les romances concernant leur disparition, c'est que leur partance fut le plus grand tour de sorcellerie jamais réussi.

Oui. Ti-Jean a joué gagnant et, depuis ce jour, il chante à tout venant :

> Qui a su mieux que moi, en jouant,
> semer de-ci de-là tous les perdants.
> Avec ma tout'belle et son bas pendant,
> j'ai dû remplir de joie mes bons parents,
> puisqu'ils m'ont pardonné en trépassant.
> Et sur un vrai testament, noir sur blanc,
> m'ont donné leur château et le roulant.
> Que je légu'rai à mon tour à mes enfants
> s'ils trouvent une jarretière comme talisman.

Analyse symbolique

1.   *La Belle Jarretière verte*

Se glisser dans un récit imaginaire.
Et se croire apte à l'expliquer.
À ce jeu, je vous propose mes pistes.
Ajoutez-y les vôtres et jouons ensemble.

2.   *Il était une fois un jeune prince.*
3.   *Bien de sa personne. Fort. Beau. Grand. Mince.*
4.   *Tout lui souriait.*
5.   *La vie. La chance. Le succès.*

Pourquoi le conte propose-t-il un prince comme héros ?
Pour habiller de rêve le discours qu'il souhaite développer : celui de l'évolution d'un adolescent sur le chemin de
sa maturité. Cette inspiration prend sans doute sa source
chez les conteurs de jadis qui n'étaient pas sans observer
combien l'imagerie populaire se nourrissait des faits et
gestes de ses dirigeants. Et comme aux temps anciens,
la monarchie était une forme courante d'organisation
sociale, les narrateurs ont imité cette structure ressem-
blant à la famille de tout un chacun. Un père, une mère,
un enfant. Un roi, une reine, un prince. La famille idéale.
Puissante. Fortunée. Dans cette optique, le roi et la reine
détiennent le pouvoir. Le prince, dans son rapport à ses
parents, est l'éventuel héritier du trône. Un roi en devenir.

(Un adulte en devenir.) Cette optique d'héritage, pour le prince, est promesse de pouvoir. De réussite. (De maturité.) Également promesse qu'un jour, il aura aussi une descendance. Il procréera à son tour. Obligation de s'initier, de connaître le sexe opposé. De surcroît, en tant que personnage de sang royal, les plus nobles talents circulent dans ses veines. Il est taillé pour les grands exploits. Voilà ainsi réunis les ingrédients nécessaires afin que notre héros surmonte les multiples embûches que lui réserve le conte. Il est le symbole de l'adolescent idéal. Il empruntera les mêmes gestes que ceux auxquels est soumis tout être humain avant de devenir adulte. L'imagination, à la fois du conteur et de son auditeur, fera le reste. Et c'est là, dans cette astuce de transposition, que se situe le pouvoir des contes. À tel point que tout au long du récit, le spectateur – ou le lecteur –, comme par magie, fera siens les pièges semés sur le chemin du héros. La quête du jeune prince sera la sienne.

6.   *Il n'avait qu'une chose dans les méninges :*
7.   *jouer aux cartes des journées entières.*
8.   *Au château. À l'auberge. Au cimetière.*

Ce prince a toutes les dispositions d'un chercheur. Joueur de cartes infatigable. Il trouve dans cette activité, sinon un plaisir, du moins une fascination. Pour renouveler l'exercice sans cesse, il faut une motivation puissante. Or, comme le jeu de cartes consiste à élaborer des stratégies avec un ensemble de figures et de chiffres, cela implique des calculs pour élaborer des combinaisons. Sa recherche n'a de cesse. Que veut-il donc trouver? Le sens de sa vie. Qui veut-il aussi trouver? Lui-même.

Jean Chevalier et Alain Gheerbrant ajoutent une belle couleur au portrait du prince en définissant ainsi le jeu, dans leur *Dictionnaire des symboles*:

> Le jeu est fondamentalement un symbole de lutte, lutte contre la mort (jeux funéraires), contre les éléments (jeux agraires), contre les forces hostiles (jeux guerriers), contre soi-même (contre sa peur, sa faiblesse, ses doutes, etc.). Même quand ils sont de pures réjouissances, [les jeux] ont des éclats de victoire, du moins du côté du gagnant. Combat, hasard, simulacre ou vertige, le jeu est à lui seul un univers, dans lequel il convient, avec chances et risques, de trouver sa place; [...] Mais sous le respect des règles, le jeu laisse percer la spontanéité la plus profonde, les réactions les plus personnelles aux contraintes extérieures[10].

Tout au long du conte, nous assistons à la joute du jeune chercheur.

Et quel est l'objet de sa recherche? La combinaison infaillible pour gagner à tout coup. Autrement dit, une formule pour contrôler sa vie. Au château? Symbole de son milieu familial. À l'auberge: de son milieu social. Au cimetière: de sa vie spirituelle. Ce dernier lieu évoque la dimension sacrée de la vie qui le fascine. L'aspect mystérieux auquel il peut avoir accès facilement est celui des morts. Il vient jouer sur leur terrain. Ils sont enterrés là, tout près. Le prince pourrait encore les toucher. À son insu, il tente de s'approcher de l'immortalité. Un concept encore secret pour lui.

---

[10] Paru chez Robert Laffont, collection « Jupiter », en 1982, 1140 pages.

9.   *La reine et le roi, ses parents,*
10.   *avaient une colossale fortune.*

La reine et le roi sont les symboles de modèles à imiter pour le prince. Dans l'une ou l'autre version qui ont servi à écrire ce conte, les parents du héros sont des gens pauvres. Au fond, peu importe qu'ils soient monarques ou roturiers, pour l'enfant, les figures de ses père et mère représentent toujours la puissance. La quête du prince, c'est d'accéder comme ses parents à la vie d'adulte.

Et la fortune? Elle peut être assimilée, ici, à la connaissance. Comme l'on amasse une fortune, l'on accumule un savoir. Outil indispensable pour comprendre la vie.

D'autre part, dans ce vers (9) apparaît une triade : le père, la mère, l'enfant. Dans ce contexte de quête d'identité, cette donnée s'apparente au célèbre trio qu'est la Sainte Trinité. Un en trois. Un mystère. Le «trois» représente aussi un problème à résoudre pour le chercheur, pour le prince. Chercheur lui-même, eu égard au rang qu'il occupe par rapport à ses parents.

Serait-ce l'énigme du Sphinx?
        1er D'où viens-je?
        2e Qui suis-je?
        3e Où vais-je?

Ces trois questions hantent le conte, sinon le héros.

« Il existe dans l'homme une trinité sainte : la volonté, l'amour et l'esprit sont en nous[11]. »

11.   *Aussi, quand au jeu il perdait de l'argent,*
12.   *il en redemandait. C'était sa coutume.*

> L'argent est une force, c'est de l'énergie psychique prête à être investie. Sa possession ouvre de nouvelles possibilités. L'argent est la mesure des énergies qui sont à notre disposition. Il faudra engager pour obtenir quelque chose. On ne nous fait pas de cadeaux ; la vie est « chère », il faut la payer ! Chaque succès peut nous coûter quelque chose. Ces dépenses sont quelquefois rendues conscientes dans le rêve au moyen de sommes d'argent[12].

Le prince joue. Il cherche. Ne trouve pas. Par là répéterait-il ses comportements de petit enfant alors qu'il posait sans cesse des questions à ses parents : « Maman, pourquoi ceci ? », « Papa, pourquoi cela ? », comme le font tous les rejetons. Eux qui ont tant accumulé de connaissances, ne devraient-ils pas pouvoir tout expliquer. Mais le prince ne saisit pas la réponse. Comme le petit qui ne comprend pas tout le sens du parler des parents, il pose encore la même question. L'argent est un langage. Il en redemande. Il en a pris l'habitude depuis qu'il est tout petit. On en est presque venu à recevoir ses demandes comme des caprices. Dans le contexte, l'argent venant des parents

---

[11] Alfred de Vigny, « La Trinité humaine » dans *Journal d'un poète, recueilli et publié sur des notes intimes*, Calmann Lévy, 1882, 307 pages.

[12] Ernest Aeppli, *Les rêves et leur interprétation*, Payot & Rivages, collection « Petite Bibliothèque », 1972, 432 pages, p. 250.

symboliserait alors la réponse à ses questionnements. L'apaisement momentané.

13.   *Il avait cloué sur la porte de chêne,*
14.   *écrite en lettres d'or, cette enseigne :*

À l'adolescence, il officialise son jeu. Il annonce à l'extérieur de chez lui, à la société, qu'il est en recherche. Sans timidité. En lettres d'or ! Donc un message lumineux, inaltérable, comme le Soleil.

> L'or, la couleur royale, est attribué à Dieu le père ; le rouge, au Fils parce qu'il a versé son sang ; et le vert, « la couleur qui verdoie et qui réconforte », au Saint-Esprit [13].

15.   *Je défie qui que ce soit*
16.   *de jouer aux cartes avec moi.*

Il défie l'âge adulte. Il trouvera bien lui-même le système. *Adolescent* : ce mot vient d'*adolefco*, mot latin qui signifie *croître* [14].

17.   *Un matin, après le déjeuner,*

Comme le matin commence une journée, c'est le début d'une nouvelle étape.

---

[13]   Carl Gustav Jung, *Psychologie et alchimie*, Éditions Buchet/Chastel, 1970, 705 pages, p. 280.
[14]   Antoine Furetière, *Dictionnaire de l'Académie française*, tome III, 1978.

18. *se promenant sur le pont,*

Ici, le prince se promène. Il ne se dirige pas vers un lieu précis. Il flâne. Sa promenade n'étant pas un parcours planifié, s'il s'y aventure sans réflexion, on peut penser qu'il est attiré par cette voie qui donne accès à l'autre rive. Qu'il est fasciné par les mystères que l'eau charrie, par les profondeurs du monde sous-marin, à l'image de son inconscient. L'eau de la rivière, symbolique aussi du temps qui passe, recèle des pièges. Franchir le cours d'eau sans soutien peut supposer qu'il y a risque de s'y noyer, d'être dévoré par les bêtes qui l'habitent. Le pont est donc à la fois un protecteur et un point d'observation.

> [...] la symbolique du pont: lieu de passage et d'épreuve. [...] la symbolique générale du pont et sa signification onirique: un danger à surmonter, mais également la nécessité d'un pas à franchir. Le pont met l'homme sur une voie étroite, où il rencontre inéluctablement l'obligation de choisir. Et son choix le damne ou le sauve [15].

19. *le prince croisa un sorcier*

Sorcier: personnage énigmatique. Comme il n'en a jamais rencontré.
Les gens de son entourage ne font pas partie de cette race.

Quel est donc cet être fascinant? Il est l'image même de tout un pan de l'âme du prince. Lui, de l'autre côté du miroir. Sa rencontre avec lui-même. Ce sorcier est une

---

[15] Jean Chevalier et Alain Gheerbrant, *Dictionnaire des symboles*, Éditions Robert Laffont, 1997, p. 778.

figure très importante dans la progression de l'initiation qui est le sujet du conte.

> Le sorcier [...] symbole des **énergies créatrices instinctuelles non disciplinées,** non domestiquées, et qui peuvent se déployer à l'encontre des intérêts du moi, de la famille et du clan. Le sorcier, qui est chargé des sombres puissances de l'inconscient, sait comment s'en servir et s'assurer, par là, des pouvoirs sur les autres. On ne le désarme qu'en plaçant les mêmes forces sous l'empire de la conscience, les identifiant à soi-même par une intégration, au lieu de les identifier au sorcier en les expulsant de soi[16].

À ce point de mon analyse symbolique, voilà que ma curiosité est piquée au vif et je me dis qu'il y a peut-être une origine commune aux mots « sourcier » et « sorcier ». Afin de me donner raison, je cherche un lien. Dans mon *Petit Robert*, à la p. 1844, je lis ceci : « Source : de so(u)rs, ancien participe passé de sourdre ». Et, à la p. 1836, je lis : « Sorcier : diseur de sorts, du latin *sors* ». Il n'en faut pas plus à mon interprétation pour qu'elle prenne son envol. Ces deux mots références – so(u)rs et *sors* – que je viens de lire me laissent croire que « sourcier » et « sorcier » peuvent être de la même eau. En pareil cas, et malgré leurs significations différentes aujourd'hui, le sorcier de mon conte, se jumelant à « sourcier » par la filiation que je me permets, aurait pour signification que le prince a la faculté de trouver sa source, c'est-à-dire son origine. Cela nous ramène à l'énigme du Sphinx : « D'où viens-je ? »

---

[16] *Ibid.*, p. 898.

Si l'on accepte que l'étymologie des deux mots est la même, « le prince croisa un sorcier » symboliserait qu'il rencontre à la fois le Diable et le bon Dieu, le yin et le yang, le bien et le mal. On peut aussi trouver d'autres analogies entre les deux mots, comme la baguette magique du sorcier et la baguette de coudrier du sourcier. Il est amusant de poursuivre dans cette veine. Dans le *Glossaire du Canada français*, au mot « sourcière », pour désigner sorcière, on nous renvoie à l'origine de cette prononciation qui provient d'un dialecte de l'ancienne province d'Anjou, en France. D'autres rapprochements ont aussi été répertoriés, où la définition du mot « sourcier » se lit ainsi : « Celui qui prétend avoir des moyens particuliers pour découvrir des sources[17] », alors que dans le dictionnaire d'Antoine Furetière, au tome III, à « sorcier », on lit, entre autres : « Les Anciens ont appelé Sorciers, ceux qui predifoient l'avenir par des Sorts Homériques, Virgilians, ou par autres divinations semblables. » Enfin, avec le correcteur Antidote 8, on voit cette définition du mot « druide » : « Historique de sourcier, nom. Étymologie : de *source* et *–ier* ; de l'ancien français *sorse* signifiant "relevée", participe passé féminin de *sordre*, relever ; du latin *surgere*, *s'élever*. »

Prédire l'avenir ou deviner si une source coule sous nos pieds, n'y a-t-il pas du sorcier dans ces deux opérations ? Le prince est le sorcier, il trouvera bien la source.

---

[17] Louis-Alexandre Bélisle, *Dictionnaire général de la langue française au Canada*, Bélisle Éditeur, 1944 et 1954, p. 1208.

20.   *au caluron vissé sur le front.*

Un « caluron » étant une sorte de chapeau, on lira, dans le *Dictionnaire des symboles*, à la page 208, que le chapeau « symbolise aussi la tête et la pensée ». Qui enveloppe la tête, siège de la pensée, qui garde les idées à l'abri des intempéries, des corruptions. Qui ne laisse pas deviner les pensées. Qui habille une intelligence, un savoir qu'il faut préserver. Une tête faite différemment. Une autre façon de penser.

21.   *— Ti-Jean, j'ai lu ta pancarte.*
22.   *Comme ça, tu es le meilleur aux cartes?*
23.   *Laisse-moi donc vérifier*
24.   *cette virtuosité.*

Le ton condescendant de cette apostrophe doit impressionner notre héros. Ce ton familier et railleur de la part d'un étranger laisserait supposer qu'il le connaît. Il le nomme par son nom : Ti-Jean. Par ailleurs, si le prince est abordé avec tant de familiarité, il est permis de croire qu'à travers le personnage du sorcier, c'est l'inconscient de Ti-Jean qui transmet un message à celui-ci : « Depuis ta naissance, tu fanfaronnes. Tu viens de traverser la rivière, moi, je dis que tu viens de franchir une étape. Mesure-toi maintenant au monde adulte. »

Nommer quelqu'un est un signe important : c'est le commencement de la découverte de l'autre.

Le prénom de Ti-Jean fait office de surnom. Dans presque tous les contes de la tradition orale, les héros ou héroïnes sont rarement désignés par leur prénom, voire leur patronyme. Mais très souvent par des noms communs comme « Le Petit Chaperon rouge », « Le Petit Poucet », « La Chatte blanche », « La Belle Jarretière verte ». Si bien que celui ou celle qui reçoit le conte s'identifie au personnage principal, que celui-ci soit mâle ou femelle. Néanmoins, être prince et porter le nom si peu racé de Ti-Jean pourrait étonner quiconque ne serait pas familier avec notre tradition orale. D'instinct, je défendrais le sobriquet en disant que c'est pour mieux l'aimer, cet enfant (voir *Avant-propos de Ti-Jean* dans mon livre *Contes populaires du Canada français*).

D'ailleurs, à cet égard, je me permettrai une petite digression du même goût à propos de la popularité de ce surnom. Un jour que je rencontrais un groupe d'enfants, une petite fille m'a présenté son jeune frère : « Il s'appelle Jean, dit-elle, mais on l'appelle Ti-Jean, c'est plus court. » Le nom de Ti-Jean est légendaire dans nos contes du Canada français. Nos archives ont fixé à jamais sa renommée. Dans trois des versions que j'ai utilisées pour composer mon conte, le héros s'appelle Ti-Jean[18].

> « Pour le primitif, selon Jacques de la Rocheterie, l'âme s'identifie au nom[19] ».
> Autrement dit : « le nom d'un individu serait son âme, d'où l'image de réincarner dans les nouveau-nés l'âme des ancêtres en leur donnant le nom de

---

[18] Pour ne nommer ici que cette source : Carl Gustav Jung, *Les racines de la conscience : études sur l'archétype*, trad. Yves Le Lay, Éditions Buchet/Chastel, 1971, 640 pages.

[19] *La symbologie des rêves*, Éditions Imago, 1984, p. 149.

ceux-ci[20]. » Jung observe également qu'il existait «une présomption très primitive suivant laquelle celui qui devine le nom secret obtient tout pouvoir sur celui qui le porte[21]. »

25.   — Ah! immédiatement, si vous voulez!
26.   Justement, j'ai un jeu dans ma poche.
27.   Traversons de l'autre côté.
28.   Installons-nous sur cette roche.

Il ne craint rien. Il prend la décision de le franchir, ce pont. Il est en possession d'un jeu d'adulte. Il a tout ce qu'il faut pour affronter cet adversaire. Que dire, l'adversité.

29.   — En trois parties j'établis l'enjeu.

Puisque Ti-Jean veut résoudre l'énigme de la trinité, voici un plan élaboré sur le même modèle secret. En trois parties. Ce nombre trois, c'est celui qui le caractérise dans la famille.

> [...] le chiffre trois réfère à l'enfant lui-même. Quand, dans un conte de fées, l'enfant est le troisième, le jeune auditeur s'identifie facilement avec lui parce que, dans la constellation familiale la plus fondamentale (le père, la mère, l'enfant), il est lui-même le troisième vers le bas, quelle que soit sa place parmi ses frères et sœurs[22].

---

[20] Carl Gustav Jung, *L'Homme à la découverte de son âme*, trad. R. Cahen-Salabelle, Éditions du Mont-Blanc, 1944, 403 pages.

[21] Carl Gustav Jung, *op. cit.*

[22] Bruno Bettelheim, *Psychanalyse des contes de fées*, Éditions Robert Laffont, 1976, 400 pages, p. 142.

À la fois, le chiffre lui est familier et inquiétant.

Ernest Aeppli, lui, dans son ouvrage *Les rêves et leur interprétation*, commente ainsi ce nombre :

> Le trois est synonyme de solution et de vie nouvelle. Tout comme l'enfant qui est avenir, le trois est un produit du deux. Il y a aussi en lui un élément de volonté, une idée ; le trois a quelque chose de combatif qui est d'essence masculine. Les dieux apparaissent souvent par groupes de trois. Dans la religion hindoue, la toute-puissance divine est dans Brahm, dieu de la création, dans Vishnou, le doux conservateur, et dans Siva, le grand destructeur. Le christianisme connaît la Trinité, cette triple apparition du Tout-Puissant sous la forme du Père, du Fils, et du Saint-Esprit ; elle est trinité, et cependant elle est unité [23].

30.   *Le gagnant pourra demander ce qu'il veut.*
31.   *Mais le perdant doit s'engager à exaucer ses vœux.*

Ti-Jean doit assumer la loi rigoureuse du monde adulte. Tenir parole. Dette de jeu. Dette d'honneur.

32.   *Convenu ! Convenu ! Convenu !*
33.   *Mais sachez, monsieur l'inconnu,*
34.   *que jamais une partie je n'ai perdue.*

Ti-Jean reconnaît l'occasion qui se présente, même s'il ne sait pas ce qui l'attend. Parce qu'il a l'outil en main (le jeu

---

[23]   Ernest Aeppli, *op. cit.*, p. 197.

de cartes), il croit en posséder la maîtrise. Le hasard, pour ne pas dire son destin, l'attire. Il y a de la devinette là-dessous. La recherche est en marche. Il a toute confiance.

35.   *Brassons, mêlons,*
36.   *brouillons les cartes,*
37.   *les bâtons, les deniers,*
38.   *les coupes et les épées.*
39.   *Prenons, coupons,*
40.   *donnons les cartes.*
41.   *Amour, fidélité,*
42.   *fortune et liberté.*

Le rite du 35 à 42 est sacré.

Il a la dextérité de la manipulation. Les illustrations sont pour lui des figures coutumières. Il connaît la méthode de la donne, il a joué souvent. Cependant, même s'il semble interpréter la signification occulte des quatre images LES BÂTONS = AMOUR / LES DENIERS = FIDÉLITÉ / LES COUPES = FORTUNE / LES ÉPÉES = LIBERTÉ, l'on peut penser qu'il singe. Comme un gamin qui ânonnerait sa leçon. Pour qui une formule magique deviendrait une incantation pour maîtriser sa destinée. Ainsi, il élabore un rite pour se rassurer. Telle une comptine détermine un choix inéluctable lorsque, enfant, l'on débite ces syllabes en tapant sur les poings des équipiers.

43.   *L'étranger est défait.*

Les événements s'enchaînent comme il les avait prévus.

44.   *C'est à Ti-Jean que sourit le succès.*

Ti-Jean, notre figure légendaire. Notre prince. Notre gagnant.

45.   *— Que désires-tu, Ti-Jean?*

Pour la première fois, la loi fatale du monde adulte s'applique. En faveur de Ti-Jean. Comme tout est facile!

46.   *— Je désire avoir*
47.   *dans ma cour, à l'aurore,*

Demain. C'est le commencement d'un temps nouveau. Ne perdons pas de temps, à la première heure, donc. Un désir. Un ordre, c'est pareil.

48.   *cent chevaux noirs.*

Sait-il, Ti-Jean, que le « noir » de la couleur des chevaux qu'il choisit est à l'image de son ombre, de son inconscient? Cheval noir: cette simple évocation parle d'une monture intrépide et mystérieuse. Qui saura se confondre avec la nuit. La fouiller pour découvrir ce qui s'y trame. Qui saura vaincre la peur. Cent chevaux noirs. À l'image de son ombre, oui, mais aussi de son nombre. Cent chevaux! Ce sont tous les chevaux du monde. Le nombre parfait.

> Cent est une partie qui forme un tout dans un tout, un microcosme dans le macrocosme, qui distingue et individualise une personne, un groupe, une réalité quelconque dans un ensemble. Et cette entité ainsi individualisée possédera ses propriétés distinctives, qui la rendront d'une efficacité particulière dans un plus vaste ensemble[24].

Nul recoin ne pourra lui échapper. Dans son *Dictionnaire des rêves*, Luc Uyttenhove en donne comme interprétation :

> Si le cheval est noir, il sort alors tout droit des enfers des histoires mythologiques, il annonce les foudres de quelque Zeus et des bouleversements [...].

> Cheval noir. (+) La couleur noire peut souligner la beauté d'un cheval. Mais elle indique généralement que la masse d'énergie qu'il matérialise est encore très primitive, obscure, inconsciente, et reste à intégrer[25].

49.   *Ferrés d'or.*

L'on ferre les chevaux pour que les obstacles ne blessent pas leurs pieds. Pour ménager sa monture afin d'aller plus loin. Ferrés d'or : l'or, symbole de soleil, de lumière, de vérité. Équipés pour éclairer les pas qui sillonneront les dédales ombreux de l'inconscient.

La cavalcade intrépide n'attend que le signal du départ.

---

[24]   Jean Chevalier et Alain Gheerbrant, *op. cit.* p. 188.
[25]   Jacques de la Rocheterie, *op. cit.* p. 76.

50.   *Brassons, mêlons,*
51.   *brouillons les cartes.*
52.   *Les bâtons, les deniers,*
53.   *les coupes et les épées.*
54.   *Prenons, coupons,*
55.   *donnons les cartes.*
56.   *Amour, fidélité,*
57.   *fortune et liberté.*
58.   *Ti-Jean a quatre as en main.*
59.   *Le visiteur n'y peut rien.*

La chance continue. Ou alors Ti-Jean sait bien se défausser.

60.   *– Que désires-tu, Ti-Jean?*

Pour la deuxième fois, la loi inexorable du monde adulte s'applique en faveur de Ti-Jean.

61.   *– Je désire avoir*
62.   *dans ma cour, à l'aurore,*
63.   *cent bœufs noirs.*
64.   *À cornes d'or.*

La confiance en ses capacités s'empare de Ti-Jean. Il a eu des chevaux pour le conduire à travers l'inconnu. Il veut maintenant une incarnation de force physique. Virile. Avec des cornes pour attaquer l'ennemi. Avec des cornes pour tirer des charges. Mais des cornes d'or. Seules appendices propres à traquer le mal. Le Malin lui-même. Des cornes attachées au crâne comme des rayons de lumière qui éclairent le subconscient.

Le bœuf des songes est l'image de l'évolution lente mais efficace. Par la rumination, il exprime également la lente assimilation des contenus inconscients par le conscient[26].

À propos du nombre cent, Maurice Guinguand donne l'interprétation suivante :

> Il est issu du cycle trente-trois, nombre de la chair qui, reporté sur trois plans, donne quatre-vingt-dix-neuf et plus UN, bien entendu, l'année du recommencement, du renouveau de la matière transposée par un temps cosmique et nuptial. Il est aussi le nombre des forces dominatrices du ciel, qui interviennent hors d'un circuit chronologique[27].

65. *Brassons, mêlons,*
66. *brouillons les cartes.*
67. *Les bâtons, les deniers,*
68. *les coupes et les épées.*
69. *Prenons, coupons,*
70. *donnons les cartes.*
71. *Amour, fidélité,*
72. *fortune et liberté.*

Le rite-refrain est sacré, comme précédemment.

---

[26] Jacques de la Rocheterie, *op. cit.* p. 55.
[27] Maurice Guinguand, *L'ésotérisme des contes de fées*, Éditions Robert Laffont, 1982, 225 pages, p. 38.

73.   *Troisième partie. Revers complet.*

Troisième partie. Partie néfaste. Le nombre trois fait problème. Le trois, c'est lui, Ti-Jean. Première gifle du monde adulte. Ti-Jean est renversé. Par contre, à ce stade-ci, je crois que le conte demande un éclairage positif du chiffre trois pour se sortir du malheur.

Luc Uyttenhove dit:

> Le chiffre trois apparaissant dans un rêve est un excellent présage. Il évoque la Trinité biblique, soit l'unité au sein du psychisme du rêveur des trois plans: instinct, cérébral et sentiment.

Et il donne ce conseil au rêveur:

> [...] de réfléchir à la thèse et à l'antithèse d'un événement, d'une idée, ou d'un sentiment, afin d'en retirer la substantifique moelle dans une synthèse équilibrante[28].

Si nous empruntions cette signification, nous rejoindrions Ti-Jean à ce moment précis où, le nez au mur, il se doit de faire le point sur son jeu.

74.   *Réussite! Pour le sorcier au bonnet.*

Ti-Jean perd la partie décisive aux mains de l'étranger. Il ne comprend plus ce qui lui arrive. C'est la première fois de sa vie qu'il est déclassé. Quel est ce vertige qui le fait osciller entre l'enfance et le monde adulte?

---

[28]   Luc Uyttenhove, *op. cit.* p. 204.

75.   — *Inconnu,*

«Inconnu»: Ti-Jean ne sait pas son nom. Ne sait pas à qui il a à faire. Serait-il, cet inconnu, une face cachée de lui-même? S'appelle-t-il toujours Ti-Jean?

76.   *que désires-tu?*

Il a appris les règles. Il les applique. C'est-à-dire qu'il prend conscience que d'autres existent. Qu'ils ont également des besoins. Les règles de la société, quoi!

77.   — *Je veux que tu me rejoignes dans ma cour.*

Où trouver cet autre lui-même? Il dit: «Dans ma cour»: il est donc en lui.

78.   *D'ici à un an et un jour.*

Le conte, qui se veut intemporel par sa formule d'entrée «Il était une fois...», voilà qu'ici, il se ravise. Il précise: «un an et un jour». Un cycle complet. Un an et un jour, formule magique qui revient dans de nombreux contes. Procédé imagé qui laisse percer la sagesse de l'expérience. Qui sait que les choses doivent être faites en leur temps. Quatre saisons durant lesquelles la nature aura eu le temps de porter ses fruits. Et Ti-Jean de mûrir, c'est-à-dire d'observer comment s'élabore une récolte. D'étudier ce dans quoi il vient de s'engager.

79.   *Je ne te laisserai pas mon adresse.*

Ne pas laisser d'adresse, voilà un motif mordant pour corser l'intrigue. C'est du domaine du «fantasque»! Cependant, c'est un élément symbolique très simple, mais qui donne le ton à la quête de soi. Je précise ici que d'octroyer à sa belle comme prénom «La Belle Jarretière verte» va dans le même sens, je l'expliquerai plus loin.

Ti-Jean ne sait pas comment s'y prendre pour faire ce voyage intérieur. Par où aller? Comment se diriger dans les dédales de l'âme, de l'inconscient. Ti-Jean doit trouver sa voie. Déjà, il a acquis un peu d'expérience: les chevaux et les bœufs lors des deux premières parties gagnées lui offrent des pistes. En choisissant ces bêtes, le jeune homme a su d'instinct qu'il lui faudrait la lumière pour éclairer sa lanterne et guider ses pas. N'a-t-il pas désiré des animaux à cornes d'or et à sabots d'or? Ces symboles de lumière. L'énigme du Sphinx: 3e «Où vais-je?»

80.   *Rien que mon nom, pour que tu me connaisses.*

Nommer quelqu'un c'est le personnaliser, le sortir de l'anonymat. Mais l'indication ne suffit pas. Ti-Jean découvre, ô surprise, la complexité de l'être humain. Il croyait s'appeler Ti-Jean, mais voilà qu'il va porter un autre nom. Qu'un autre lui-même surgit. Qui se cache en lui? Cette prise de conscience de la dualité de sa propre personne, c'est l'objet de sa recherche. Se connaître. L'énigme du Sphinx: 2e «Qui suis-je?»

81.   *Je suis Bonnet-Rouge.*

Dans au moins cinq des versions qui m'ont inspirée, les conteurs ont retenu la dénomination de « coiffure rouge » pour désigner ce personnage-clé. Je me suis donc résolue à l'utiliser. J'ai relevé, entre autres, les noms de « Jean de Calais », un vieux joueur de billard, « Jack le Diable », « Péril-Vert », « John Old Bigherman », magicien, « Bon Évêque », « Bras-de-Fer », « Ver-sous-Terre », Tuque-Rouge, « Grand-Bonnet-Rouge » et trois « Bonnet-Rouge ». Si ce dernier pseudonyme s'imposait, c'est qu'il faisait suffisamment image pour que la mémoire conteuse en garde le sens. Comme le conte opte pour des formes simples, épurées, et qu'il ne s'embarrasse jamais d'explications, il a ses règles. Pour théâtraliser, il choisira de préférence un mot simple et direct: « Bonnet ». N'est-ce pas une coiffure ajustée, moulée au crâne? Et, par extension, qui évoque la tête, la pensée, le savoir? Annonçant, dans la même foulée, que la raison et la déraison de celui qui le porte sont à l'abri. Ce nom choc marque son porteur du sceau de l'invincibilité.

Je trouve, dans le dictionnaire de Furetière, (au tome II non paginé) dans cette belle langue du XVIIe siècle, des traces révélatrices de l'usage qui était fait de cette pièce de vêtement et qui éclaire le choix de « Bonnet-Rouge » que la tradition a maintenu:

> BONNET. f.m. Partie de l'habillement qui fert à couvrir la tefte, & qui en a à peu près la figure [...] Pafquier [...] dit auffi, que quand on a donné le bonnet dans les Univerfités aux écoliers, c'étoit pour montrer qu'ils avoient acquis toute liberté, & n'étoient plus fujets à la verge des fupérieurs, à l'imitation des Romains,

qui donnoient un bonnet à leurs efclaves, quand ils les vouloient affranchir [...] Bonnet, est quelquefois un ornement, ou une marque de quelque caractère.... Un bonnet rouge eft un chapeau de Cardinal. Les gens qui jouissaient d'une certaine notoriété étaient affublés d'un bonnet, comme «les gens d'Églife, les gens de Juftice, et les gens de College qui font Philofophes, ou Graduez.»

On peut penser que les générations de conteurs qui ont conservé cette coiffure au magicien savaient que cet accessoire laissait soupçonner à la fois l'importance et la dérision du personnage. Un attribut de cardinal, rappellerait alors Lucifer, l'ange déchu. Méphisto et son pouvoir sur les âmes des humains. De plus, le rouge laissant poindre sa valeur symbolique de dualité, la sagacité des conteurs a retenu la couleur afin de laisser planer l'ambivalence des interprétations. À savoir que le rouge évoque le feu. L'Enfer. Le Diable! Mais également la vitalité. L'ardeur. La lumière. La vérité. Dieu. Bonnet-Rouge comme nom de sorcier, quelle belle trouvaille! Moi qui, au départ, le trouvais inesthétique, peu euphonique. Avec quoi allais-je le faire rimer, ce Bonnet-Rouge! Il m'a donné du fil à retordre. Il m'a rappelé mon conte «Dis-moi comment je me nomme[29]». Ah! ces personnages diaboliques ont de la résistance!

---

[29] *Contes à raconter et à écouter,* Guérin littérature, collection «Culture populaire», 295 pages, 1988, p. 169.

82.   *Et souviens-toi,*
83.   *si tu ne me retrouves,*
84.   *malheur à toi!*

Cette menace dans le conte est annonciatrice de l'urgence de trouver. Sinon, Ti-Jean se condamnerait à vivre sans qu'il ne puisse jamais accéder à la vie d'adulte.

85.   *Bonnet-Rouge disparut.*
86.   *Ni vu ni connu.*
87.   *Bossu ! Pansu !*
88.   *Bonnet pointu !*

Une vision fugace que l'imaginaire enfantin sait exorciser d'une formule magique. C'est à se demander si ces nouvelles orientations de vie sont réelles. Vaut-il la peine de les suivre? Et si cet incident n'avait été qu'une idée, un instantané, un rêve, pire une utopie.

89.   *Le lendemain, mugissant, hennissant*
90.   *à l'ombre des contreforts,*
91.   *deux cents bêtes noires, incrustées d'or,*

La nuit a porté conseil. Au réveil, c'est le retour à la réalité. Ce n'était pas qu'un jeu d'enfant. Les forces noires se font entendre. Les appels nébuleux prennent forme. Les énergies sortent au jour.

92.   *ébahirent la reine et le roi.*

C'est Ti-Jean qui s'ébahit du nouveau pouvoir qu'il a. Être en relation avec ses parents sur un autre plan que celui de dominant-dominé. Tout est si neuf. Fragile.

93.   *— Mais, Ti-Jean, d'où nous vient tout cela?*

Ti-Jean se demande comment il a pu cheminer aussi vite. Il vient de faire un geste d'adulte. L'énigme du Sphinx : 1er « D'où viens-tu ? »

94.   *— Mère, je devine déjà vos remarques.*

Malgré une attitude un peu plus assurée devant sa mère, le souvenir de l'éducation qu'elle lui a donnée lui revient en mémoire.

95.   *Ces deux troupeaux que voilà,*
96.   *je les ai gagnés aux cartes.*
97.   *En jouant deux parties sur trois.*
98.   *Toutefois, en perdant la troisième,*
99.   *j'ai contracté une dette extrême.*

Il a touché au mode de fonctionnement des adultes, le grand jeu avec ses règles et ses conséquences.

100.   — *La loi du Ciel est pourtant claire :*

Le roi, le gardien de l'ordre établi, rappelle la loi de Dieu.

101.   « *Pas de jeux de cartes sur la terre.* »
102.   *Toi et ta damnée passion du jeu !*
103.   *Ce que tu peux nous être ruineux !*
104.   *Ne te souviens-tu pas de saint Joseph ?*
105.   *Il a joué. Et a perdu les clés du paradis.*

Il faut plusieurs versions parfois pour reconstituer un conte. Certains conteurs oubliant ou évacuant tel ou tel élément, on doit à l'occasion en fouiller un bon nombre afin de mener logiquement l'intrigue. Ainsi, pour « La Belle Jarretière verte », qui développe le thème du joueur, il me manquait un tout petit lien pour attribuer un caractère sacré au sujet. Ce lien, je ne l'ai perçu que dans une seule version recueillie par Dominique Gauthier, à Shippagan, au Nouveau-Brunswick, en 1951, lorsque le conteur Peter B. Malot, alors âgé de 74 ans, a enregistré ceci au début de son récit (je cite selon la transcription, au son) :

> *Faut que j'faise ma vie à jouer aux cartes. – A dit : Jean, attends ben là. Tout'ceuses qu'a commencé à jouer aux cartes, i'avont arrivé mal. Tu sais, les cartes sont défendues. Le bon Dieu a pas voulu jouer aux cartes. Saint Pierre a joué aux cartes ave Joseph ! Ave Joseph ! on va dire, là. Saint Joseph ! P'is il a battu saint Joseph, c'est c'qui fait que l'bon Dieu, i'a donné les clés du Paradis. Y les a maritées mieux qu'saint Joseph. Ah ! bon ! i'a dit.*

Ce paragraphe n'ajoute sans doute pas grand-chose à mon exercice d'interprétation, sinon que je veux partager le plaisir immense que j'ai eu à le découvrir. Oui, dans certaines versions, l'on disait que ce n'était pas bien de jouer aux cartes, sans toutefois dire pourquoi. L'interdit était énorme. Il fallait tenir pour acquis cette assertion. Cependant, j'avais besoin d'une raison pour prouver que Ti-Jean avait mal agi en jouant, et expliquer sa détermination à tout quitter pour retrouver Bonnet-Rouge. Lorsque j'ai vu surgir saint Joseph, saint Pierre et les **clés du Paradis**, j'avais là une idée merveilleuse, un élément fantaisiste à souhait à développer pour un conte de fées. Un motif bien de chez nous, en plus. Ce petit filon qui éclairait le sens métaphysique du conte. Le jeu de cartes symbolise la totalité des possibilités. En connaître toutes ses règles, c'est comme faire sauter la banque. Savoir lire dans les cartes, c'est maîtriser son destin. Si un humain a accès à cette connaissance, il s'arroge le pouvoir des dieux. Il règne sur le Ciel et la Terre. Et n'est-ce pas la quête ultime? Quant à la notion de hasard qui est sous-jacente au jeu, cela induit que Ti-Jean s'expose autant au risque de perdre, au péril, qu'à celui de gagner la connaissance. Ce hasard qui fascine tant Ti-Jean, ne serait-ce pas la face cachée de la certitude? Les contes prennent de drôles de détours pour rejoindre l'esprit. À leur défense, il ne faut pas minimiser le plaisir que ce dernier prend à s'en délecter. Que l'on soit grand ou petit.

106.   *— Oui! Oui! Mais du paradis,*
107.   *saint Pierre, lui, est devenu le chef!*
108.   *Un jour, je ferai comme lui.*

Le « Où vais-je? », de l'énigme du Sphinx.

109.   — *Un jour aussi, nous en mourrons.*
110.   *Toujours la même rengaine!*
111.   *Enfin, nous paierons,*
112.   *qu'à cela ne tienne!*

Lorsque Ti-Jean aura trouvé la réponse, c'est lui qui prendra le pouvoir. La place de ses parents. Ils mourront, lui, vivra. Mais d'ici là, les règles de l'enfance sont désuètes.

113.   — *Non, père. Nul paiement*
114.   *ne me déchargera de mon engagement.*
115.   *Je dois retrouver,*
116.   *d'ici à une année et une journée,*
117.   *un dénommé*

C'est la confrontation. Ti-Jean accepte d'accéder à une autre étape. Le prince devient responsable de ses actes. Les parents n'ont plus à choisir pour lui. Leur pédagogie ne convient plus.

118.   *Bonnet-Rouge, avec lequel j'ai joué.*

Ti-Jean se rend à l'évidence, il a joué avec le chef du casino. Avec le chef de la mafia. Avec le pape. Jusque-là, les rapports entre Ti-Jean et Bonnet-Rouge étaient personnels, secrets. Ici, il dévoile le nom de l'autre. C'est dire qu'il prend position officiellement. C'est dire qu'il est prêt à assumer sa dualité.

119.   *— Quoi? Tu as bien dit Bonnet-Rouge, Ti-Jean!*
120.   *Apprends donc que ce rôdeur sans âme*
121.   *est un magicien infâme*
122.   *qui a tué tous les jeunes gens*
123.   *qui lui ont prêté serment.*

Cet être, mais c'est le Diable, c'est Méphisto ! Avec tous les pouvoirs de la démesure. Cet être-là, c'est lui, Ti-Jean et son côté caché, son ombre. Avec toutes les possibilités que recèle son inconscient. Puisqu'il a eu accès à son autre lui-même, Ti-Jean devra désormais faire la part du bien et du mal.

124.   *Rien! Rien n'a retenu le joueur.*
125.   *Ni les raisonnements ni les pleurs.*
126.   *Le prince n'eut désormais*
127.   *qu'un seul souhait:*
128.   *retrouver l'étranger au bonnet.*

Ti-Jean s'arrache à sa famille. À la gangue de son adolescence.

129.   *Il quitta à pied le palais.*

Il part par ses propres moyens vers la quête. La grande aventure. La Vie.

130.   *Il marcha de mâtines à midi.*
131.   *Il marcha de midi à minuit.*
132.   *Entre la neige ou la brume,*
133.   *douze fois, il verra la nouvelle lune.*

Comme le disaient souvent les vieux conteurs : *Dans les contes, ça va vite!* Une année s'écoule. Il passe par le temps et les saisons. Un cycle complet.

134.   *Un bon jour, à l'entrée d'une caverne,*

Il commence à apercevoir certaines choses cachées de la vie. Cette caverne, ce lieu sombre, c'est un coin secret de lui.

135.   *une petite lanterne*
136.   *attire son attention.*

Il discerne une lueur. Comme une intuition.

137.   *Il y voit une vieille trembloter du menton.*
138.   *— Ah! Mon grand bonguienne !*
139.   *Que trafiques-tu sur mon domaine?*

Une vieille fée rébarbative. Symbole de menace. De vieillissement. L'apostrophe le met dans son tort. Dans sa quête pour la Vie, pour la première fois, Ti-Jean pense à la mort.

140.   *— Je cherche Bonnet-Rouge, ma bonne dame.*
141.   *— Je ne suis ni ta bonne dame*
142.   *ni de bonne humeur!*
143.   *Et n'ai pas vu ton bonnet de couleur.*

La Vie ne fait pas de quartier. Dans le monde adulte, tous sont sur un même pied. Le prince doit se débrouiller seul. La jeunesse, l'inexpérience n'ont plus cours. Le temps des parents qui décidaient à la place de l'enfant est fini.

144.   *Cependant, jeune écornifleur,*
145.   *si tu continues sur ce sentier,*
146.   *tu arriveras chez ma sœur,*
147.   *elle a deux cents ans, bien sonnés.*

Comme Ti-Jean ne comprend pas ce principe, il va tâter plus loin, en profondeur.

148.   *Mais gare à toi,*
149.   *c'est une vieille fée*
150.   *toute ratatinée et plutôt polissonne.*
151.   *Moi, je l'appelle : la matrone qui grogne!*

Ti-Jean se rend compte qu'il n'a pas assez de maturité pour comprendre. Il raisonne encore comme un enfant: « Si ce qui m'attend était pire encore! »

152.   *Après un an de recherche, épuisé,*
153.   *Ti-Jean n'a pas le désir de farfiner.*
154.   *Il suit le conseil de la piquante hérissonne*

155.   *et arrive chez la rébarbative bougonne.*
156.   *Celle-là, faisant peur à dégriser un ivrogne,*
157.   *lui ordonne d'un gosier de trombone:*

Il a perdu un temps précieux en recherche vaine pour aboutir encore à la même impasse: un indice auquel il n'entend rien. Même si le ton monte.

158.   *— Déguerpis,*
159.   *bandit!*
160.   *Ou je te réduis*
161.   *en bouillie!*
162.   *Cela dit,*
163.   *tu peux toujours demander*
164.   *à ma sœur,*
165.   *de trois cents ans bien sonnés*
166.   *qui habite cette allée,*
167.   *si elle n'a pas vu traîner*
168.   *ton bonnet.*

Le chiffre «cent» indique un terme. Puisqu'il faut revenir au «un» pour continuer à compter. Quelle contrariété. La fougue et l'impatience de Ti-Jean s'accommodent mal de cette recherche stérile. La jeunesse a horreur de l'immobilisme, de la réflexion. Pourtant, il se bat contre cette tendance de son âge et persiste à croire qu'il lui manque un terme pour aboutir. Cent ans de plus. Un autre siècle de connaissance suffira peut-être pour trouver l'adresse de ce Bonnet-Rouge.

169. *À l'odeur, tu la reconnaîtras!*

170. *Moi, je l'appelle : la chipie qui pue!*

Puisque ni la vue ni l'ouïe n'ont suffi à mener Ti-Jean à son but, la sagesse du conte propose ici un autre filon de recherche, outil mis à sa disposition pour évaluer au mieux ses chances de réussite.

171. *Si cette venimeuse fée*

172. *a un gosier à écorcher les oreilles,*

173. *la troisième sœur empeste à écœurer.*

174. *Autant que du vin de radis ranci en bouteille!*

Rien n'est à dédaigner lorsqu'on va à la recherche de soi. Il faut sonder tous les niveaux. Les instincts évoqués par les odeurs malodorantes. L'esprit par la vue. Et l'âme par l'ouïe.

175. *— Bonjour! Bonjour, viens mon Ti-Jean.*

176. *Je sais qui tu cherches en ce moment.*

177. *Viens t'asseoir à mes genoux. Viens. Bouge.*

178. *Je te dirai où trouver Bonnet-Rouge.*

Une figure de grand-mère. Indulgente. Protectrice. Intuitive. Qui représente, par cette figure « trois », la « troisième » sœur, « trois cents » ans. La place que Ti-Jean occupe dans sa famille, dans la lignée grands-parents, parents et enfant.

179. *Le cou au fond de l'encolure,*
180. *le regard visant ses chaussures,*
181. *hésitant, se pinçant*
182. *et le bec et le nez,*
183. *Ti-Jean*
184. *s'accroupit aux pieds*
185. *de la vieille fée.*

Ti-Jean a peur. Craint-il de régresser au contact de ces odeurs fétides? De se retrouver la couche aux fesses. De s'accroupir aux pieds de la vieille, cela ne serait-il pas un geste d'enfant, un geste d'abandon? Lui qui tente d'entrer dans le monde adulte. Pourtant, par rapport aux deux sœurs agressives rencontrées avant, voilà une bonne fée. Celle qui a tous les pouvoirs. L'image de la grand-mère qui comprend son petit enfant parce qu'elle a plus d'expérience. La sage. Qui aura le temps de mieux écouter et d'expliquer, alors que sa mère avait le devoir de l'éduquer.

186. *À peine a-t-il la nuque dans son giron*
187. *qu'aussitôt, il pique un roupillon.*

Ti-Jean admet la nécessité de ce retour en arrière. Son impétuosité l'a empêché de demander à ses parents où trouver Bonnet-Rouge. Il s'adresse donc à cette figure au-dessus de ses parents, celle de la grand-mère, qui a plus d'expérience. Ti-Jean laisse tomber sa garde, il s'endort. Le monde du rêve est porteur de solutions.

188. *Dor_____mi, dor_____mons,*
189. *Ti-Jean, petit croupion,*
190. *rê_____vi, rê_____vons,*
191. *tu perdras la carte,*
192. *son_____gi, son_____geons,*
193. *jusqu'à ce que tu « discartes »,*
194. *menson_____gi, menson_____geons,*
195. *le diable de ta maison.*
196. *Réveilli! Réveillons!*

Comme si, en tombant dans le sommeil, Ti-Jean commandait à son conscient d'aller fouiller dans son subconscient afin de lui rapporter la solution. Le joueur de cartes fait un songe, s'en souviendra-t-il?

197.   — *Pouah! Ça sent le putois!*

Le souvenir de son laisser-aller.

198. *Mais qu'est-ce que je fais là?*
199. *Une étincelle dans les yeux,*
200. *voilà Ti-Jean qui bondit*
201. *comme une couleuvre à qui*
202. *l'on marche sur la queue.*
203. *Il est certain*
204. *que la caboche enfouie*
205. *dans les plis*
206. *de la sale bougrine,*
207. *l'irrespirable parfum de chou pourri*
208. *lui a titillé les narines.*
209. *Qu'a-t-il pressenti de si urgent,*

210.   *la tête sur les genoux de la mémé?*
211.   *Bonnet-Rouge? Son créancier?*
212.   *Il sait maintenant où le débusquer!*

La nuit a porté conseil. C'est parce qu'il a accepté de consulter son instinct que le voilà sur la bonne voie.

213.   *— Merci, mille mercis, grand-mère!*
214.   *— Bonne chance, petit!*
215.   *Et n'oublie pas la jarretière!*

Ti-Jean se félicite de s'être réconcilié avec cette partie sombre de lui-même. «Et n'oublie pas la jarretière!» La jarretière, symbole du sexe féminin.

216.   *Dans le ciboulot du jeune débiteur,*
217.   *un schéma est tout tracé*
218.   *pour s'orienter vers la demeure*
219.   *du fameux sorcier.*
220.   *Que lui a-t-elle donc inspiré*
221.   *à travers ses relents viciés,*
222.   *cette vieille bougresse,*
223.   *qu'à présent,*
224.   *Ti-Jean sait comment*
225.   *remplir sa promesse?*

Au creux du sommeil et des odeurs, Ti-Jean vient d'accueillir sa virilité. La sexualité est une clé pour atteindre la maturité. Pour atteindre ce sorcier qui l'a déjoué aux cartes.

226. *En un court parcours d'un jour.*
227. *De droites lignes.*
228. *De légers détours.*
229. *De cent pirouettes malignes.*
230. *Il a tant couru!*
231. *Il a tant sauté!*
232. *Il a tant dansé!*
233. *Avec le secret de la mémé.*
234. *Qu'il est arrivé tout énervé*
235. *au bord d'un lac isolé.*

Avec le savoir-faire, le chemin est vite franchi. C'est comme un jeu d'enfant.

236. *— J'y suis enfin!*
237. *Tiens! Tiens! Tiens!*
238. *Les filles!*
239. *Je les vois qui se baignent, ces séduisantes filles.*
240. *Voici également leurs vêtements!*
241. *Des bleus. Des rouges. Des verts.*
242. *Des robes. Des cotillons. Des espadrilles.*
243. *Ah! Ça y est! Ha! ha! Voici la jarretière!*

La nudité des filles, c'est-à-dire le sexe opposé. L'eau, symbole de l'utérus : c'est peut-être aussi lui, Ti-Jean, qui se replonge dans le sein maternel. Le « D'où viens-je » du Sphinx : attendons qu'il soit temps avant de venir au monde, de m'enfanter.

Ceci me ramène au sens symbolique du titre *La Belle Jarretière verte* : la jarretière, symbole de féminité auquel on attribue un pouvoir magique et bénéfique. L'élément surnaturel.

Ce titre réfère poétiquement et de façon incarnée au jeune homme qui est disposé à retirer la jarretière de la jambe qu'elle enserrait pour Ève. Bref, il adhère à la puberté.

244.   *Derrière ces aulnes touffus,*
245.   *attendons qu'elles soient revenues.*

S'emparer de ce symbole de féminité est un geste à ne pas dévoiler, la découverte est trop récente. Ti-Jean vient de s'arroger un pouvoir fabuleux. Vaut mieux qu'il l'étudie dans toute son ampleur avant d'en faire part. D'autres seraient peut-être plus ignares que lui et ne comprendraient pas. Il risquerait de s'exposer à l'indifférence ou au ridicule. « [...] ne jetez pas vos perles devant les pourceaux, de peur qu'ils ne les foulent aux pieds [...] », dit la parabole de Mathieu pour indiquer que la connaissance n'est pas donnée à tous et que chacun y va à son propre rythme dans son développement personnel ; une illumination intérieure ne se partageant pas avec le tout-venant.

246.   *Dissimulé pour que rien ne bouge,*
247.   *la petite jarretière verte à la main,*
248.   *Ti-Jean surveillait, à leur bain,*
249.   *les trois filles de Bonnet-Rouge.*

Le vol d'un objet féminin trace un parallèle avec la substitution – ou ce qui doit lui paraître comme telle – de la non-conscience à la prise de conscience de sa sexualité. D'où cette anxiété qu'il faut dissimuler.

250.   *Après les folâtres ébats,*
251.   *elles sont revenues s'habiller.*
252.   *Mais... la plus jeune des baigneuses,*
253.   *s'éloignant de ses sœurs aînées,*
254.   *s'est écriée :*

On peut supposer les battements de cœur de Ti-Jean. L'émoi amoureux se profile dans ce paragraphe.

255.   *— Il me manque une jarretière !*
256.   *Ne l'avez-vous pas trouvée ?*

Réplique que Ti-Jean pourrait traduire par : « Tiens, la fille a ses règles. »

257.   *— Psitt ! Psitt ! Hé ! Hé ! Hé !*
258.   *C'est ce que vous avez égaré ?*

Et il enchaînerait : « J'ai tout vu. »

259.   — *Oh! Un étranger! Ici?*
260.   *Mais que faites-vous dans ce pays?*

Ti-Jean entend pour la première fois, d'une voix venue de l'extérieur, qu'il est étranger à la nature des femmes.

261.   — *Chut! Parlez tout bas.*
262.   *Je n'aimerais pas*
263.   *que vos sœurs me voient.*

Ti-Jean n'est pas prêt à ce que la société sache qu'il est pubère.

264.   — *Alors, rendez-moi ma jarretière*
265.   *ou je dévoile votre tanière.*

Ti-Jean ne veut ni remettre ni partager le secret qui le caractérise désormais, sinon il perdra ses moyens.

266.   — *Je vous la rendrai*
267.   *à l'unique condition*
268.   *que vous me conduisiez*
269.   *à destination.*

L'instinct de Ti-Jean lui dit qu'il s'est engagé dans un processus et qu'il lui faut aller jusqu'au bout.

270.   *Une sorcière,*
271.   *dans la forêt,*

272.   *m'a confié en secret*
273.   *que seule la propriétaire*
274.   *de cette jarretière*
275.   *pouvait me conduire*
276.   *à Bonnet-Rouge sans me nuire.*

En effet, il s'agit ici du songe prémonitoire sur les genoux de la mémé. Cette fée, cet élément surnaturel qui s'est manifesté si puissamment dans le noir n'a pas pu le tromper.

277.   *— Si Bonnet-Rouge se rend compte*
278.   *que j'ai un bas qui tombe*
279.   *sur ma chaussure,*
280.   *je serai punie, je vous assure.*
281.   *Mon père*
282.   *est très sévère*
283.   *sur la tenue vestimentaire.*

Bonnet-Rouge, c'est le modèle mâle que poursuit Ti-Jean. Jusqu'à présent, le garçon autant que les filles de cette famille étaient dans le monde de l'enfance. Si Ti-Jean transgresse cette étape, il perdra les privilèges de l'enfance. Il devra convertir l'habit de l'enfance en tenue d'adulte.

284.   *— Mais pensez-y,*
285.   *cette fine pièce de lingerie*
286.   *peut me sauver la vie!*

Il y a urgence pour le jeune homme. La vie l'oblige à évoluer.

287.   *Faites un nœud à votre bas.*
288.   *Il n'y paraîtra pas.*
289.   *— Un nœud! C'est facile à dire, un nœud!*

Le nœud que l'on suggère de faire n'est-il pas symbolique de la demande d'un lien? Y aurait-il corrélation avec l'amorce d'un désir de fiançailles?

290.   *Bonnet-Rouge, vous le connaissez bien peu!*
291.   *Et encore, s'il n'y avait que lui.*
292.   *Il y a notre mère, Rouge-Bonnette, aussi.*
293.   *Elle, elle devine tout.*
294.   *Et la nuit lui rapporte tout.*
295.   *Elle fait écho à son bonnet,*
296.   *comme répète un perroquet.*

Ti-Jean sait que Bonnet-Rouge, son modèle, connaît la féminité et Rouge-Bonnette encore plus. Il va donc s'y mettre lui-même. Il surveillera tout afin que rien ne lui échappe.

297.   *Si vous saviez comme mes sœurs et moi*
298.   *avons hâte de quitter ces rabat-joie.*

La benjamine est le pendant de Ti-Jean. La troisième sœur. Comme lui, elle est aussi la troisième de sa famille par rapport à son père et sa mère. Le chiffre trois indique un problème à résoudre. Il y a du mystère dans « trois », comme dans la Sainte-Trinité. Et chercher à savoir, c'est déjà espérer une solution.

299.   — *Sauvez-vous! Volez vers une autre direction!*

Ti-Jean trouve dans ce dilemme un élément de renforcement à sa résolution d'explorer toutes les issues.

300.   — *Mais nous ne le pouvons.*
301.   *Nous vivons sous leur domination.*

Vivre l'enfance et l'adolescence laisse souvent ce sentiment de domination difficile à supporter.

302.   *Ils nous répètent que seul le garçon*
303.   *qui aura satisfait à leurs conditions*
304.   *pourra nous délivrer de la réclusion.*

Comme Ti-Jean saisit les grandes lignes de l'enjeu de sa
recherche, entre autres de différencier fille et garçon, il
n'y a vraiment que lui qui puisse être désigné pour cette
tâche.

305.   — *Vous devez bien avoir appris*
306.   *certains trucs de sorcellerie?*

Ti-Jean voudrait percer les secrets de sa nouvelle baguette
magique, c'est-à-dire découvrir ce que lui cache son subconscient à propos du pouvoir d'une sexualité d'adulte.
Ce cachottier de subconscient qui dévoile si peu à la fois.

307.   *— Certains, oui. Mais qui seraient sans effet*
308.   *si nous voulions nous sauver.*
309.   *Ils nous tiennent en leur pouvoir.*

Bien sûr, il y a un certain éveil, mais il lui manque des éléments.

310.   *Oh! Oh! Mais... Voyons voir...*
311.   *En vous racontant mon histoire,*
312.   *à l'esprit il me vient*
313.   *que vous pourriez collaborer à mon système*
314.   *afin de résoudre mon problème!*

À parler avec une fille, voilà bien qui met notre homme en éveil. Cela prend la forme de la part féminine de son être. Voilà une autre dimension de sa personne. S'il faisait appel à sa sensibilité, à son intuition. S'il acceptait ces richesses qui dorment en lui?

315.   *Que diriez-vous de devenir mon adjoint?*

L'inspiration joue des tours. Ainsi, dans la rédaction de mon conte, en cherchant le mot qui rimerait avec «vient», j'arrête mon choix sur «adjoint» comme synonyme du mot «aide». Or, en relisant ces vers sous une lorgnette davantage analytique, ce léger trouble que ressent Ti-Jean m'amène à penser que je suis sûrement sur la bonne piste. Mais pour éviter un faux pas, conservons ce mot proche de celui qu'il me brûle d'utiliser: «conjoint» au lieu de «adjoint».

316.   — *Moi? De l'adjoint croyez-vous que j'aie la mine?*
317.   *Enfin, peut-être, depuis le temps que je chemine.*

Ti-Jean se laisse prendre à la demande. Sa recherche lui a donné quelque expérience.

318.   — *Oh oui! Je vous trouve plutôt sympathique!*

Le sentiment amoureux se dessine.

319.   *Alors, donnant-donnant.*
320.   *Si je vous conduis à son portique,*
321.   *en échange, comme je veux m'évader,*
322.   *il faudra, sous serment,*
323.   *que vous m'épousiez.*

Les jeux de l'amour, du coup de foudre, des décisions à l'emporte-pièce qui éclatent. La princesse qui veut s'évader, c'est l'évasion souhaitée de Ti-Jean que ces éléments symbolisent. Dans sa recherche pour trouver la demeure de Bonnet-Rouge, Ti-Jean est prisonnier de sa quête. La liberté qu'il a prise en quittant ses parents pour partir à l'aventure est un faux-semblant. Elle ne sera effective, cette liberté, que lorsqu'il aura atteint son but. Il se jure de réussir.

324.   — *Vous... vous... vous épouser?*
325.   *Vous y allez rondement!*
326.   *Eh! Après tout, pourquoi pas?*
327.   *Vous ne me déplaisez pas.*

328. *J'aime les paris francs*
329. *et les grands serments.*
330. *Juré. Craché.*
331. *Sur la tête de la plus vieille des mémés.*
332. *Je vous demande en mariage sur-le-champ!*

Un mariage, dans l'esprit de notre temps, quel coup de dé! Ti-Jean, le joueur, le chercheur, joue le tout pour le tout. Et s'il avait en main la mise parfaite?

333. *— C'est à mon père qu'il faudra faire la*
demande.
334. *Mais je vous préviens, c'est non qu'il dira*
335. *et il vous imposera*
336. *mille pénitences.*

L'homme auquel Ti-Jean veut ressembler, c'est Bonnet-Rouge. Il est encore loin du maître. Il n'a pas franchi toutes les étapes pour atteindre la maturité de son modèle. Il flaire d'autres embûches.

337. *— Quel est votre nom?*

Ti-Jean ne connaît pas encore la femme. Il en a une notion floue. Quelle est sa nature? L'inconnu fait peur. S'il pouvait mettre un nom sur ce qu'il cherche. Sur cette dualité qui l'habite.

338. *Le mien, c'est Ti-Jean!*

Pour lui, c'est facile. Il est un garçon. Mais pour une fille... Il ne saurait nommer cette différence.

339.   *– Ti-Jean. Ti-Jean. C'est bien!*

Il accepte bien sa virilité. Mais n'est pas encore prêt à accepter la féminité.

340.   *Le mien... et puis, non!*
341.   *Je ne vous dis pas le mien.*
342.   *– Eh bien!*
343.   *Vous êtes cachottiers dans la famille!*
344.   *Votre papa,*
345.   *lui, ne voulait pas*
346.   *que je connaisse*
347.   *son adresse.*
348.   *Tel père, telle fille!*

Devenir un homme implique donc de connaître la femme. Que de points d'interrogation!

349.   *Dans cette éventualité,*
350.   *je vous appellerai...*
351.   *la belle... La Belle Jarretière verte.*

Alors, elle portera le nom de l'objet symbolisant ce que Ti-Jean pressant être le sexe opposé. Ce nom, pour la suite du conte, sera le fantasme de Ti-Jean. Dans son livre sur les superstitions, Éloïse Mozzani dit ceci:

> [...] «Jarretières et jarretelles», symboles de féminité reliés à la sexualité, sont associées en général au domaine sentimental et à la fertilité. On a prétendu longtemps qu'en porter aidait à la conception. Une jarretière qui tombe toute seule de la jambe signifie,

dans la plupart des pays d'Europe, une infidélité de son compagnon ou une rupture; pour une célibataire, cela peut aussi lui annoncer son mariage prochain[30].

352.	*— Comme vous voulez.*
353.	*Par contre, ce mince cordon vert,*
354.	*gardez-le bien précieusement,*
355.	*car lorsque tout ira de travers,*
356.	*si vous pensez à moi en le touchant,*
357.	*il vous servira de talisman.*

La couleur verte est symbolique de l'espérance. Des forces de la nature. Autrement dit, si la princesse est pour lui un but à atteindre – c'est-à-dire à la fois apprivoiser la féminité qui l'habite et acquérir les qualités propices à fonder une union –, la recherche du prince deviendra une source d'espérance et d'énergie à portée de main pour traverser les épreuves qui l'attendent.

358.	*Et maintenant,*
359.	*observez de loin*
360.	*et suivez notre coin-coin.*

Première leçon : combien les filles peuvent être différentes des garçons. La métamorphose des menstruations transforme les fonctions. Se changer en oiseaux indique qu'elles peuvent quitter le nid familial. En oiseaux aquatiques : que le monde humide de l'utérus est un nouveau lieu auquel elles ont accès.

---

[30] *Le livre des superstitions*, Éditions Robert Laffont, 1995, 1822 pages, p. 913.

361.	*Coin-coin, coin-coin,*
362.	*coin-coin, coin-coin.*
363.	*Vite, changeons nos dentelles*
364.	*pour nos plumes de canes*
365.	*et volons à tire-d'aile,*
366.	*en droite caravane.*
367.	*Coin-coin, coin-coin,*
368.	*coin-coin, coin-coin.*
369.	*Qu'aucun homme ni garçon*
370.	*N'voient nos transformations.*
371.	*Père et mère, sinon,*
372.	*nous gard'raient en prison.*
373.	*Durant cette ritournelle,*
374.	*Ti-Jean*
375.	*a vu les demoiselles*
376.	*en canes se métamorphoser.*

Cette incantation introduit Ti-Jean au secret de la règle ou des règles qui régissent le monde des filles.

377.	*Et de leur vol en remous*
378.	*lui indiquer*
379.	*précisément*
380.	*l'endroit du rendez-vous*
381.	*pris il y a un an.*

La spirale symbolise le renforcement au creux de lui-même de l'examen que Ti-Jean a entrepris.

382.   *La jarretière accrochée aux doigts,*
383.   *Ti-Jean atterrit juste au bon endroit.*
384.   *— Bon sang de bon sang! Ti-Jean?*
385.   *Toi! Chez moi?*

Enfin, il touche au but. Ne fallait-il pas retrouver
Bonnet-Rouge? Autrement dit, débusquer le mâle qui
somnolait dans l'adolescent? Celui qui a un ascendant sur
l'enfance. Qui la gouverne. Sortir de la gangue familiale.
Pour se mesurer à la dimension de la société. La magie du
conte opère. Comme les étapes de la vie. Loger désormais
à l'adresse «du magicien». Non seulement connaître
mais avoir son adresse. Être en possession de toutes les
combinaisons gagnantes. Que la sexualité est un atout. Un
pouvoir. Oui, Ti-Jean lui-même est surpris d'avoir gagné
son pari. Une étape franchie avec succès. Ti-Jean vient-il
de répondre à la troisième question du Sphinx? «Où
vais-je?» À cette interrogation, il a sa réponse. C'est ici. Il
serait tentant de dire qu'il répond aussi à «Qui suis-je?»
Mais je suis portée à croire qu'il aura d'autres occasions,
au cours du conte, de se mesurer, de mieux se connaître.

386.   *— Exact!*
387.   *Minuit moins une! Selon le pacte!*
388.   *N'avais-je pas contracté une dette de jeu?*
389.   *Après trois cent soixante-six jours,*

Ce qui veut dire qu'un délai d'un an pour se propulser
dans l'aventure de cette quête de soi était nécessaire avant
que Ti-Jean n'arrive à maturité. «En un an et un jour!»
Si cette formule utilisée dans les contes pour signifier le
temps nécessaire pour accomplir une tâche précise est un

élément merveilleux de suspense et un ressort pour insister sur le fait que le héros a à se dépasser, il ne laisse aucun doute quant à sa signification sous-jacente. La tournure candide signale que la vie est faite d'étapes et qu'il vaut mieux suivre sa loi. Symbolique du calendrier biologique. Le corps évolue en son temps. Comme la rotation de la Terre et de la Lune autour du Soleil. Avec précision.

390.   *je te retrouve. Me voilà en ton lieu!*
391.   *Je ne te dois plus rien. Ma dette s'efface*
392.   *en ce dernier jour qui passe.*

Quelque nébuleux qu'ait été ce travail du subconscient mêlé à l'ardeur de la jeunesse, l'efficacité de la démarche équivaut au défi initialement engagé. Ti-Jean en a eu pour sa peine, et maintenant tout s'éclaire au grand jour.

393.   *— Bon sang de bon sang! Comment?*
394.   *Tu as réussi cet exploit! Comment?*

Cette réplique du bonhomme exprime la part en lui où Ti-Jean est fier, où il s'étonne de lire dans les yeux de l'autre qu'il a réussi. Voire où il se demande comment lui, le petit Jean, s'y est pris. Et surtout, quelle force souterraine l'a ainsi soutenu. Il a encore du chemin à faire pour répondre à: « Qui suis-je? »

395. — *Tu veux connaître, curieux,*
396. *par quelle voie*
397. *je suis venu jusqu'à toi?*
398. *Inutile de questionner,*
399. *je pourrais te rire au nez!*

Il est des domaines sacrés auxquels il ne faut pas toucher, doit penser Ti-Jean. Il n'a pas encore accès à cette strate. La vie se moquerait de lui.

400. *Sois témoin de ma visite*
401. *et regarde-moi bien dans les yeux,*
402. *nous sommes quittes.*
403. *Je n'ai plus de comptes à te rendre.*

« Prenons conscience de cette étape ! » savoure Ti-Jean.

Dans son répertoire, au conte-type 313 – celui que nous décortiquons présentement –, mais qui a pour titre « Le jeune homme qui a reçu du diable un jeu de cartes », après avoir développé un premier motif : « Le héros devient la proie du diable », puis un second : « Les tâches imposées », George Laport écrit :

> Le héros rend le jeu de cartes. Le seigneur lui annonce que son corps est regagné mais qu'il lui reste à racheter son âme. Pour cela, il lui assigne des tâches impossibles : Retirer une bague au fond d'un puits. Il coupe sa fiancée en deux et jette le buste dans le puits [...][31].

---

[31] *Les contes populaires wallons*, Éditions Helsinki, Suomalainen Tiedeaktemia, Academia Scientiarum Fennica, 1932, p. 43.

Je suis tentée ici de rapprocher les intentions du conte wallon et l'esprit de notre conte du Canada français. Ces quatre vers disent, me semble-t-il, que l'épreuve physique que Bonnet-Rouge a imposée à Ti-Jean est terminée.

404.   *Cependant,*
405.   *je veux me faire entendre.*
406.   *Non seulement*
407.   *j'ai su où te débusquer,*
408.   *mais j'ai su également*
409.   *que tu avais trois filles à marier.*
410.   *Aussi, j'ai bien l'honneur*
411.   *de te demander, Monseigneur*
412.   *de fière et haute ligne,*

Cette barrière qu'il a franchie le renvoie à une image d'homme. Il a donc la maturité requise pour se marier. Serait-ce à partir d'ici que commencerait pour le conte l'étude de la quête de l'autre?

413.   *la main de ta benjamine.*

Ce choix qu'il avait fait de la benjamine dit combien la nature tente de s'équilibrer. Soit par affinité: ils sont du même niveau d'évolution l'un et l'autre / lui, l'enfant unique, le troisième par rapport à ses parents / elle, la troisième sœur. Soit par contraste: elle ne voulait pas lui donner sa jarretière / il la lui a prise; elle a monnayé sa jarretière pour réussir sa quête à elle / il la lui a volée pour connaître l'adresse du magicien. Ils sont faits pour s'accoupler. Lui veut se marier. Elle aussi.

414.   — *Bon sang de bon sang! Je ne suis pas fou braque.*
415.   *J'ai plus d'un tour dans mon sac.*
416.   *Je n'ai pas de fille à marier.*
417.   *À moins de conclure un autre marché.*

Non, la vie n'est pas si simple. Elle vient encore lui imposer sa loi. Une étape est franchie. Une autre l'attend. Oui. Ti-Jean a pris conscience de sa sexualité. Mais pour s'initier à la sexualité opposée. Pour s'initier aux rapports avec la famille de la future mariée, le jeune homme devra suivre quelques cours supplémentaires. Et réussir les examens.

Un marché? Lui faudra-t-il encore payer de sa personne? Combien d'angoisses, d'incertitudes, cela coûtera-t-il à Ti-Jean?

418.   — *Eh! Quel serait donc ce marché?*
419.   — *Nous jouerons trois parties de cartes.*
420.   *Si c'est moi qui marque,*
421.   *je te donnerai une chance de te racheter.*

Tout comme les parents sont là pour guider les pas d'un enfant. Le relever s'il tombe. L'excuser s'il ne réussit pas. Lui donner sa chance.

422.   *Toutefois, l'enjeu sera très dur à enlever.*
423.   *Tous ceux qui ont essayé,*
424.   *sois-en averti, ont échoué.*

Telle une mère qui accouche pour la première fois et qui a le sentiment d'être la première femme au monde à donner naissance à un enfant, Ti-Jean, qui n'est jamais passé par les épreuves à venir, voit l'entreprise comme unique au monde. Il ne s'y aventure pas à la légère. Il croit qu'il a suffisamment de maturité pour ne pas s'y casser les dents.

L'enfant reprend le dessus. C'est de façon ludique qu'il veut procéder. En trois parties. Il a le souvenir de son père et de sa mère. Avec lui, ils sont trois dans la famille. La fiancée qu'il convoite tient le troisième rang par rapport à ses sœurs. Il s'est instruit avec application aux rebuffades des trois sorcières. Trois parties de cartes? L'épreuve qui l'attend doit donc participer des mêmes lois. Du même ordre que la course qui vient de durer un an. Il est sorti gagnant de l'aventure. Il est prêt à jouer encore. Ces règles du jeu ont quelque chose de sécurisant. Trois balises.

425.   *— Ah oui? Raison de plus! Je plonge!*
426.   *J'ai toujours un jeu dans ma poche.*
427.   *À cette table, au bout de la rallonge,*
428.   *installons-nous tout proche.*

Il est prêt. Même si le geste spontané d'accepter la joute semble irréfléchi, il a les capacités qu'il faut, son subconscient le lui souffle. Inutile de reporter l'exercice.

429. *Brassons, mêlons,*
430. *brouillons les cartes.*
431. *Les bâtons, les deniers,*
432. *les coupes et les épées.*
433. *Prenons, coupons,*
434. *donnons les cartes.*
435. *Amour, fidélité,*
436. *fortune et liberté.*

Il a retenu la leçon précédente. L'a intégrée. Il la répète par cœur.

437. *Ti-Jean est battu.*
438. *Première partie. Perdue.*

Ti-Jean tombe. Première station sur le chemin de la passion.

439. *— Ti-Jean, tes heures sont comptées.*
440. *Depuis un an, tu aurais dû apprendre à jouer !*
441. *Sache, jeunet,*
442. *que je me suis débarrassé,*
443. *par l'imposition d'une petite corvée,*
444. *de tous les casse-pieds*
445. *qui voulaient s'approcher*
446. *de mes filles pour les épouser.*

Des détails ont échappé à Ti-Jean. Il lui faut réfléchir davantage. Il est humiliant d'être confronté à son inaptitude.

447. — *Si je suis parvenu à te dénicher,*
448. *je ne vois pas pourquoi*
449. *je ne m'acquitterais pas*
450. *de ta petite corvée.*

La pulsion de vie est la plus forte. S'il faut recommencer, Ti-Jean le fera avec courage.

451. — *Holà! Holà! Mes filles, mes grandes!*
452. *Conduisez ce jeune faraud à sa chambre.*
453. *Il a besoin d'une bonne nuit de repos!*
454. *Car demain l'attend un sacré boulot!*

Il vient de pénétrer dans un autre univers. Un monde de filles. Il aura une chambre chez elles. L'inquiétude monte. Qu'est-ce qui l'attend? La nuit où l'on ne voit rien. Comme il aura à se débattre!

455. *Sur ce, sans plus de civilités*
456. *envers son invité,*
457. *Bonnet-Rouge prend congé.*

Malgré son inexpérience, Ti-Jean se considère sur un pied d'égalité avec Bonnet-Rouge.

458. *Ti-Jean,*
459. *suivant dans le couloir ces demoiselles*
460. *qui le conduisent à ses appartements,*

Dans ce passage inconnu, Ti-Jean cherche à se reconnaître.

461.   *cherche de la prunelle*
462.   *celle qu'il a demandée en mariage.*
463.   *Mais elles se ressemblent tant,*
464.   *habillées tout de blanc,*
465.   *qu'il n'arrive pas à faire le partage.*

Ti-Jean n'arrive pas à reconnaître la benjamine, le choix qu'il est sûr d'avoir fait. Ces filles sont toutes pareilles. La nature est bien coquine! Serait-ce qu'à cet âge, l'objet de l'amour est l'amour lui-même?

466.   *Il pénètre dans la chambre indiquée.*
467.   *Mais sitôt la porte fermée,*
468.   *il entend le loquet se bloquer!*
469.   *Il saisit vite la serrure.*

Ti-Jean se sent traqué. Quel choix a-t-il donc fait? Une serrure. Cela est fait pour préserver un trésor. Un bien précieux que l'on ne veut pas se voir ravir. Une serrure. Cet objet si proche de la clé. La clé qui ouvre sur les réponses.

470.   *Ouche! Du feu! En éprouve une vive brûlure.*

La chambre. Symbolique du lieu où l'amour se consomme et consume. Toucher à l'amour. C'est un brasier. Ti-Jean s'y brûle.

471.   *Au même instant, un cri de frayeur*
472.   *le trempe de sueurs.*

Ce cri qu'il entend ne viendrait-il pas du tréfonds de lui? Cri qu'il a poussé en venant au monde. Le cri que sa venue au monde de l'amour lui fait pousser. Cri primal face à tant d'inconnu.

473.   *Du même coup, il distingue dans l'ombre*
474.   *Douze squelettes debout, au garde-à-vous.*

L'appel du rut. Une bête tapie au fond de lui. Jusqu'aux os, il est atteint. Plus de muscles. Plus de défense.

475.   *Plus pénible encore, tout près de lui*
476.   *au beau milieu du lit,*
477.   *dans la bourre d'une paillasse moisie,*
478.   *magouillent des vipères luisantes*
479.   *et des pieuvres gluantes*
480.   *emmêlées en nœuds visqueux.*

Le ventre et ses viscères se tordent de frayeur dans ce profond processus de transformation.

481.   *Pire, les dégoûtants rampants*
482.   *chuintent leurs petits ricanements*
483.   *en pointant des yeux chassieux*
484.   *vers le plafond crasseux.*
485.   *D'où oscillent en hachoir*
486.   *des lames de rasoirs!*

L'érection gagne Ti-Jean. Et le cortège des interdits qui l'accompagne.

487.   *— Mais je suis tombé dans un traquenard!*
488.   *Comment sortir de ce cauchemar?*

Des rêves érotiques l'assaillent.

489.   *Il tremble, le pauvre Ti-Jean!*
490.   *Les mains dans les poches,*
491.   *il trifouille la petite jarretière*

La jarretière devient un fétiche. Une doudou. Un nounours rassurant.

492.   *et chiale comme un enfant.*
493.   *Les joues dégoulinantes de larmes,*

L'enfant refait surface. Il a peur dans le noir. Pleurer soulage. Pleurer est un appel à se faire rassurer. Consoler.

494.   *il ouvre à peine les paupières,*
495.   *de peur que n'approchent*

Ce monde de l'inconscient est apeurant. Il ne peut plus poursuivre la réflexion dans la solitude, en lui-même. Il ouvre les yeux sur le conscient qu'il peut contrôler.

496.   *une vipère, un squelette ou une lame.*

Objets de fantasme.

497.   *— Si, tout à l'heure, j'avais pu reconnaître*
498.   *ma belle fiancée,*
499.   *je lui aurais...*

Ti-Jean nomme différemment sa crainte. Une fiancée est symbolique de la promesse de l'acte de l'amour éventuel. Du désir. Du rêve. Pensée calmante qui porte à la magie du sommeil.

500.   *Un-deux.*
501.   *Un-deux.*
502.   *Un-deux-trois-quatre-cinq-six-sept.*
503.   *Amulette. Amulette.*
504.   *Pourvu que la chance te guette.*
505.   *Un-deux.*
506.   *Un-deux.*

507.   *Un-deux-trois-quatre-cinq-six-sept.*
508.   *Amour. Amour.*
509.   *Rends-moi la mémoire du jour.*

Une comptine devient une formule magique. Comme un rêve pourrait devenir réalité.

510.   *Il taponne la petite jarretière.*
511.   *Et voilà qu'imaginant la fille qui se baigne,*
512.   *cette chambre aux funestes sortilèges*
513.   *se transforme en un décor douillet*
514.   *où le sommeil l'emporte et le protège.*
515.   *La nuit achevée,*

Ti-Jean a touché à la jarretière en pensant à la fille. Ce geste est inconscient, comme il le sera lorsqu'il le répétera les deux autres fois durant le conte. Je reporte ici les deux vers 487-488 comme formant un tout pour éclairer mon commentaire:

— Mais je suis tombé dans un traquenard!
Comment sortir de ce cauchemar?

L'élément surnaturel de notre conte de fées est ici caractérisé par la jarretière verte. L'apport du merveilleux. Ce pivot qui précise le genre littéraire. L'extraordinaire pouvoir magique que possèdent les contes. À son déclic, le destin du héros change son cours. Sans autre forme de convention, le merveilleux transporte, du même coup, le spectateur dans l'imaginaire. S'assure de sa complicité et l'y maintient. Et les solutions pour sortir des plus inextricables dangers, avec le recours de cet appui, sont ouvertes à tous les possibles. Par un motif en apparence farfelu, inattendu, pour capter l'attention. C'est une trouvaille du génie humain que d'avoir inventé un motif au-dessus de la nature (surnaturel) pour ficeler un récit. La mythologie nous a transmis ce processus, au même titre que les parents nous transmettent leurs gènes. Nous ne pouvons pas ne pas y croire. Le conte est vrai ! Et grâce à cet héritage, ce sacré conte acquiert une puissance pour ainsi dire un peu chafouine. Oui, le conte est rusé comme le sont le renard, le soulier de verre (ou : *vair*)[32], le miroir magique, etc. qu'il met en scène.

La force du conte laisse de manière métaphorique deviner les potentialités que possède le héros ou l'héroïne pour affronter des obstacles de la vie qui semblent insurmontables. Même si le conte populaire est là pour divertir, il a sillonné les mémoires jusqu'à nous, sans se perdre, pour mettre en évidence les outils à utiliser aux différentes étapes que les humains doivent traverser. Il est là pour initier. C'est par les minuscules zones d'ombre de l'imaginaire que le message du conte se laisse saisir. Cette faculté jubile dans le décodage d'un message secret. Et partant, les éléments magiques ne sont pas si magiques qu'ils ne le paraissent au premier abord. Ici, se sortir de cette chambre aux tortures avec un petit bout de chiffon est bien sûr surréaliste. Cela équivaut à éteindre un incendie avec un verre d'eau. Ce qui est utopique concrètement. Mais, néanmoins, la jarretière est tout aussi surnaturelle ou merveilleuse que le fait de prononcer le nom de sa fiancée en s'endormant dans le but de rejoindre son subconscient. Laisser à ce dernier l'espace et le temps de se manifester. Pour qu'au bout de la nuit, le conseil suive.

---

[32]   Voir note à la fin de l'analyse, p. 163.

L'âme se laisse prendre au détour de l'intrigue plausible et nous dévoile à nous-même ce petit bout de chiffon au fond de soi.

516.   *à l'aurore,*
517.   *Bonnet-Rouge*
518.   *crie à s'époumoner*
519.   *dans le corridor:*
520.   *— Réveillez-vous, mes filles, mes enfants,*
521.   *et débarrassons-nous du cadavre de Ti-Jean.*

Ti-Jean se réveille en sursaut et pour cause. Lui qui, la veille, avait suivi Bonnet-Rouge dans le dédale des couloirs de sa maison se serait donc engouffré, en réalité, dans un conduit intérieur personnel durant son sommeil et aurait ainsi trouvé le moyen de respirer pour renaître!

522.   *— Du cadavre de qui, s'il te plaît?*

La dépouille du petit garçon gît dans la nuit comme l'enveloppe du serpent qui a fait peau neuve.

523.   *— Bon sang de bon sang! Quoi? Ti-Jean?*
524.   *Tu es vivant!*
525.   *Et tout dispos?*
526.   *Comment as-tu passé la nuit, comment,*
527.   *avec tous mes suppôts?*

Les chausse-trappes de l'évolution humaine ou de la société sont passées au crible du subconscient. Celui-ci, en les éclairant, permet d'éviter les écueils. Selon cette très ancienne expression: «La nuit, le conseil vient au sage.» Sinon, à quoi serviraient donc les rêves?

528. — *Ne t'inquiète pas de mon repos*
529. *et parle-moi de ta corvée plutôt.*

Ce conflit est le combat intérieur de Ti-Jean. Personne ne peut y accéder. Maintenant, que la vie courante procède.

530. — *Eh bien! Jeune vaurien!*
531. *Puisque tu es si fin,*
532. *tu vas me déblayer cette érablière.*
533. *Du bord du chemin jusqu'à la rivière.*

«Couper du bois», dans l'imagerie populaire, fait allusion à une occupation de chef de famille pour construire sa maison, pour la chauffer, pour cuisiner. Une première étape vers l'édification de son foyer. L'érable. Arbre précieux. Qui donne du sirop. Déblayer l'érablière peut vouloir dire: la nettoyer, l'émonder, pour qu'elle produise bien. Qu'elle devienne un gagne-pain.

534. *Je t'accorde jusqu'à minuit ce soir*
535. *pour fendre cent cordes de bois.*
536. *Cordées devant le saloir.*

Le temps presse. La saison froide va venir. Il y a un temps pour faire les choses. Si celui de se marier est venu, il faut vite construire sa maison.

537.   *Et voici la cognée*
538.   *que je t'ai réservée*
539.   *pour mener à bien à cet exploit.*

Ti-Jean voit le projet qui l'attend, mais ne porte pas attention à l'outil avec lequel il devra le réaliser.

540.   *S'il manque une seule bûche à ces cent cordes,*
541.   *tu entendras jouer les grandes orgues*
542.   *en enfilant, devant la grange,*
543.   *ta tête dans la potence!*

Car ce qui le frappe surtout, c'est la sanction qui l'attend s'il devait faillir à la tâche. Il ne faut pas que les orgues sonnent le glas, mais la noce. Si Bonnet-Rouge a tous les dons, s'il a le droit de vie et de mort, comme Dieu, il faut penser que c'est Ti-Jean lui-même qui lui confère tous ses pouvoirs. Et pour cause, Ti-Jean rêve de devenir ce personnage tout-puissant.

544.   *Sous les regards du magicien*
545.   *et de ses filles dans le couloir,*

Décidément, aux yeux du jeune homme, l'accession au monde adulte est auréolée de magie. La « pensée magique » fait partie de la forme du conte. Et le conte populaire vit pour que son génie soit traduit.

546.   *Ti-Jean, la hache à la main,*
547.   *jette un œil dans le miroir.*

548.   *Laquelle est sa fiancée d'hier soir?*
549.   *Après trois minutes d'observation,*
550.   *et aucune réponse à son interrogation,*

Son choix d'une fiancée était instinctif. Ti-Jean discerne mal l'instinct de réflexion que l'expérience lui aurait enseigné. Le miroir ne reflète que l'état de la phase qu'il vit actuellement. Il n'a pas fonction de voyance.

551.   *il détale avec ses soucis*
552.   *vers le bois de la sucrerie.*
553.   *Sa réserve de pleurs à pleurer*
554.   *à peine entamée...*
555.   *— Cent cordes devant sa porte!*
556.   *Il n'y va pas de main morte!*
557.   *Tourmenté, il détache les boutons de sa chemise*
558.   *pour s'attaquer à l'entreprise.*

Il n'est pas tellement plus avancé dans sa réflexion puisqu'il ne lui vient que les larmes pour étudier la situation. Régresse-t-il? Du moins, il ne progresse pas. Les larmes? Armes du petit garçon pour qu'on l'aide à trouver une solution.

559.   *Au premier coup de cognée,*
560.   *voilà sa hache fracassée!*
561.   *Comme de la fricassée!*

Il s'est laissé distraire par des éléments étrangers à l'objectif: le choix de la fiancée, la menace de mort, les larmes. Il s'est aventuré tête baissée. A manqué de vaillance. Il n'est pas en possession des bons outils pour venir à bout du projet.

562.   — *Quoi? Une hache de cristal!*

Le cristal, symbolique de la limpidité. De la clairvoyance.

563.   *Ce monstre a une maladie mentale!*

Rejeter la faute sur l'autre, c'est courant. De dysfonctionne-ment, c'est Ti-Jean qui est atteint.

564.   *Eh bien! Répétons, puisqu'il faut le confesser ici :*
565.   *son goût de brailler, de plus belle, l'a repris!*
566.   *Les larmes ont coulé sur la jarretière volée,*
567.   *comme sur le bout d'une manche pour*
        s'essuyer.

Non, il ne sait pas s'y prendre. Il a besoin de compréhen-sion. L'enfance est toute proche. Il appelle ses parents dans le noir, alors il pleure. Et comme lorsqu'il était petit, il se frotte le bout du nez sur le vêtement de sa mère ou de son père, cela essuie les larmes et calme les frayeurs. Il reproduit ce geste avec ce bout de tissu fétiche qu'est la jarretière. Il se réconforte.

568.   — *Si, tout à l'heure, j'avais pu reconnaître*
569.   *ma belle fiancée, je lui aurais...*
570.   *Un-deux.*
571.   *Un-deux.*
572.   *Un-deux-trois-quatre-cinq-six-sept.*
573.   *Amulette. Amulette.*
574.   *Pourvu que la chance te guette.*
575.   *Un-deux.*
576.   *Un-deux.*
577.   *Un-deux-trois-quatre-cinq-six-sept.*
578.   *Amour. Amour.*
579.   *Rends-moi la mémoire du jour.*

Une comptine ou compter des moutons, c'est pareil. Ti-Jean aspire au repos afin d'oublier son embarras.

580.   *Songeant à la fille de la baignade,*
581.   *par enchantement, il s'est retrouvé*
582.   *aussi sec qu'une tornade,*
583.   *tel saint Nicolas devant le saloir!*
584.   *À l'entrée.*
585.   *Assis sur l'une des rangées*
586.   *des cent cordes de bois cordées!*

Il s'était réfugié dans le rêve à la première épreuve et cela lui avait réussi. Il suivit la même recette. Le sommeil dans lequel il a sombré symbolise le fait qu'il agit instinctivement. Il a sollicité son subconscient pour régler son problème.

587. *Il a sorti son mouchoir,*
588. *essuyé son nez et ses joues.*
589. *Il a tambouriné sur ses genoux*
590. *et crié : « Victoire ! »*

Radieux, Ti-Jean s'empresse d'éponger les traces de ses attitudes enfantines. Il a eu raison de se fier à ces nouvelles forces souterraines qui émergent en lui.

591. *— Bonnet-Rouge ! Sors de tes frusques !*
592. *Viens compter tes bûches !*

Ti-Jean compte ses bûches pour s'en convaincre. Lui-même n'en croit pas ses yeux.

593. *J'ai là mes cartes à jouer !*
594. *Dépêche-toi, je veux me marier !*

Puisque le compte y est, pourquoi s'éterniser. Ses cartes à jouer ou son subconscient, c'est pareil. C'est de là que sortent les bonnes donnes.

595. *— Bon sang de bon sang ! Ti-Jean !*
596. *Tu as tout bûché !*
597. *Malgré l'outil que je t'ai donné ?*
598. *— Absolument tout, tout, tout !*
599. *Gabelant ! Gabeli ! Gabelou !*

C'est vrai : avec si peu de cartes en main. Il n'avait pas de jeu. L'outil de cristal qui ne semblait que de la frime,

Ti-Jean en a sorti la quintessence. C'est-à-dire que de l'expérience de la défaite, il en a fait son profit.

600.   *— Jeune effronté !*
601.   *Personne, sur ce ton, ne m'a jamais parlé.*

Ti-Jean ne s'est jamais attaqué à des forces d'une nature aussi puissante.

602.   *Eh bien ! Allons-y, sors tes cartes.*
603.   *Qu'à cette seconde partie, je t'abatte.*
604.   *Tâche surtout de mieux jouer qu'hier*
605.   *car, alors, je te réserve une corvée*
606.   *qui te réduira en cendres et poussière.*

Ti-Jean est conscient qu'il ne perd pas sur toute la ligne. Il peut s'en sortir. Aux cartes, il a perdu. À l'épreuve, il a gagné. D'une part comme de l'autre, il y a quelque chose de dangereux qui se joue. Aux cartes, il taquine la mort. Lui aussi peut perdre les clés du Paradis, comme saint Joseph au début du conte. Et pire, mériter l'Enfer. La mort. À l'épreuve, il met sa vie en jeu. Il risque d'être pendu au son de l'orgue. La vie, la mort, ces mises extravagantes.

Il ne saisit pas toute la portée de ces enjeux. Le mécanisme qui a déclanché la réussite des cent cordes de bois coupées, il en a expérimenté la réussite, mais non le fonctionnement. Il s'est endormi dans les pleurs et s'est réveillé la besogne accomplie. C'est une certitude.

Que s'est-il passé durant cette perte de conscience? Ti-Jean est avide. Il veut savoir. Ce qui est synonyme pour lui de gagner. Quelle serait donc la combine infaillible? Rien de tel que de jouer encore une fois. Si enfin il allait comprendre la manœuvre.

607.   *Brassons, mêlons,*
608.   *brouillons les cartes.*
609.   *Les bâtons, les deniers,*
610.   *les coupes et les épées.*
611.   *Prenons, coupons,*
612.   *donnons les cartes.*
613.   *Amour, fidélité,*
614.   *fortune et liberté.*

Formule comptine qu'il répète comme des règles de grammaire. À la remâcher, il arrivera peut-être à maîtriser la technique. Ou alors la formule comptine agit-elle comme une incantation pour atteindre le subconscient. Pour qu'enfin il révèle son secret, celui-là!

615.   *— Et voici pour finir!*
616.   *Mon as de pique!*
617.   *J'ai toutes les cartes majeures dans mon jeu.*
618.   *Comment pourrais-tu faire mieux?*
619.   *Heureusement que j'ai gagné,*
620.   *sinon, j'aurais donné*
621.   *mon empire pour t'occire.*

Le mystère s'épaissit. Ti-Jean avait en main toutes les cartes majeures. S'il y a cinquante-quatre cartes dans un jeu, il faut faire avec. On ne rajoute pas un cinquième as à une combinaison gagnante.

622.	— Gros bonnet farci.
623.	Tu as raison encore cette fois-ci.
624.	Bon, les cartes ne m'ont pas souri.
625.	Dis-moi alors ce qu'il me faut payer,
626.	car je veux au plus vite me marier.

Ti-Jean s'est engagé dans un processus, il ne peut pas reculer. Cette question de mariage le hante trop, il lui faut poursuivre.

627.	— Te marier?
628.	Après la prochaine corvée,
629.	tu vas changer d'idée!
630.	Je vais te montrer
631.	comment je me débarrasse d'un fiancé.
632.	Je t'accorde jusqu'à demain, minuit,

Ti-Jean voit bien que l'enjeu est de taille, il peut s'y perdre.

| 633. | pour récurer l'écurie |

Cette écurie symbolise son monde intérieur. Il doit faire place nette dans ce monde de l'enfance. Se débarrasser d'un mode de fonctionnement désuet. Le chiffre gigantesque du troupeau dit combien la tâche sera ardue.

634.	*de mes dix mille chevaux gris.*
635.	*Pour ce faire, voici la meilleure des pelles*
636.	*pour nettoyer jusqu'à la moindre parcelle.*
637.	*Et gare à toi!*

La couleur grise des chevaux représente ce monde nébuleux qu'il faut nettoyer. Il n'a pas gagné cette deuxième partie de cartes, cependant, la pelle qui lui est offerte pour s'acquitter de sa tâche est comme l'ombre de la victoire, la face cachée de la démarche qu'il se doit de poursuivre.

638.	*S'il reste un seul petit crottin,*

Il ne doit pas rester en lui de préjugés.

639.	*tu entendras*
640.	*jouer les tambourins*
641.	*en enfilant devant la grange*
642.	*ta tête dans la potence!*

La démarche est hasardeuse. Si Ti-Jean doit entrer dans le monde adulte, il n'a plus le choix.

643.	*— Démon d'homme! Tu ne me donnes pas carte blanche.*
644.	*Dis tout net que je me débrouille.*
645.	*Une pelle sans manche!*
646.	*C'est un outil de citrouille!*

Comme les forces du mal sont puissantes! Ti-Jean n'a pas encore accès aux outils de la spiritualité.

647. *Estomaqué,*
648. *Ti-Jean n'a rien ajouté.*
649. *À quoi bon répliquer.*
650. *Il est allé se coucher*
651. *dans la chambre hantée.*
652. *Vite et bien la nuit a passé.*
653. *Oui, il a dormi. Presque tout son soûl.*

L'initiation se nourrit au râtelier équivoque du conscient et de l'inconscient. La quête de soi doit ingérer cette pâture. Appelons la nuit pour passer à la digestion de cette mixture.

654. *Sauf ce goût de larmes qui l'a réveillé.*
655. *Un mauvais goût.*
656. *D'un bond debout,*
657. *il a bien toussé pour l'expulser.*

Le réveil ne laisse que les traces du conscient, du concret : les larmes et le mode de fonctionnement de l'enfance.

658. *Mais mettant les pieds à l'écurie,*
659. *il faut croire qu'il ne s'était pas assez secoué,*
660. *un reste de sanglot a remonté.*
661. *Reniflant son chagrin.*
662. *Maudissant son destin.*
663. *S'est remis à sangloter et à re-re-sangloter.*

664.   *Tant! Que les larmes lui ont bouché*
665.   *et les yeux et le nez.*

On ne se défait pas aussi facilement de ce que l'on a été. L'influence de son éducation le poursuit. Il a intégré des mécanismes, faudra-t-il désormais faire avec?

666.   *Dans cette odeur de moufette écrasée,*
667.   *la congestion nasale l'a énervé.*
668.   *Et le besoin d'un mouchoir pour expectorer,*
669.   *au fond de sa poche le fait chercher.*

Cette odeur de couche aux fesses souligne l'analogie avec la sexualité adulte qui le tenaille.

670.   *— Tiens! C'est cette petite dentelle*
671.   *qui me mène à ma perte.*

La sexualité féminine est encore taboue pour Ti-Jean.

672.   *Si, au moins, j'avais parlé à ma belle,*
673.   *la Belle Jarretière verte,*

Si, au moins, Ti-Jean avait les mots pour s'expliquer ce phénomène: la part féminine de son être.

674.   *je lui aurais demandé*
675.   *une pelle*
676.   *qui porte le nom de pelle.*

Il pourrait nommer l'émoi. Il pourrait nommer son moi.

677.   *Un-deux.*
678.   *Un-deux.*
679.   *Un-deux-trois-quatre-cinq-six-sept.*
680.   *Amulette. Amulette.*
681.   *Pourvu que la chance te guette.*
682.   *Un-deux.*
683.   *Un-deux.*
684.   *Un-deux-trois-quatre-cinq-six-sept.*
685.   *Amour. Amour.*
686.   *Rends-moi la mémoire du jour.*

Il fredonne sa comptine, sa berceuse, et endort sa conscience pour laisser travailler son subconscient.

687.   *Il s'est alors retrouvé tout fantasque,*
688.   *aussi sec qu'une bourrasque*
689.   *devant l'écurie! Récurée!*
690.   *Il a rejoué du mouchoir*
691.   *pour s'essuyer et bien voir.*
692.   *Et tous les « pas-durs-d'oreilles »*
693.   *l'ont entendu crier:*

À force de répéter cet exercice, le subconscient envoie des messages.

694. — *Montre-toi, corneille !*
695. *J'ai là mes cartes à jouer !*
696. *Dépêche-toi, je veux me marier !*
697. — *Bon sang de bon sang ! Ti-Jean, tu es malin !*
698. *Avoir décrotté crottes et crottin !*

Ti-Jean affronte les forces du mal, cet oiseau de malheur. Corneille ou Bonnet-Rouge. Un outil au même titre que ses cartes à jouer, son jeu d'enfant. Il ajoute un atout dans son coffre à outils. Combien cette étape est porteuse de message ! Une voix que sa conscience a saisie, puisqu'il a réussi à se récurer.

699. *Eh bien ! À malin, malin et demi !*
700. *Mon dernier mot n'est pas dit !*
701. — *Le mien non plus.*
702. *Et rappelle-toi, bonnet tordu,*
703. *que je meurs de me marier.*
704. *Ton ultime partie, je vais la remporter.*

Le jeu en vaut la chandelle. Après une nouvelle expérience, fort de la leçon qu'il en a tirée, il est résolu à continuer la démarche. Le processus est bien engagé et fait espérer le meilleur.

705. *Brassons, mêlons,*
706. *brouillons les cartes.*
707. *Les bâtons, les deniers,*
708. *les coupes et les épées.*
709. *Prenons, coupons,*
710. *donnons les cartes.*

711.   *Amour, fidélité,*
712.   *fortune et liberté.*

Ti-Jean procède au même rituel, la recette a porté ses fruits.

713.   *— Ah! Ah! Cette fois, mon Ti-Jean, tu es fini!*
714.   *C'est moi qui gagnerai cette dernière partie!*
715.   *Voilà donc ma troisième corvée.*
716.   *Elle va à coup sûr t'achever.*

Cette fois, Ti-Jean identifie la peur. L'angoisse est de plus en plus intense. Tout comme il est venu à bout des autres embûches les fois précédentes, il lui faut se battre encore. L'achèvement est à ce prix.

717.   *Approche-toi de ce puits.*
718.   *Il y a vingt ans,*

Ce puits, c'est LA femme. À l'âge adulte. Il faudra qu'il l'atteigne aussi.

719.   *ma femme y perdit*
720.   *son anneau d'or.*

La personnalité unidimensionnelle de Ti-Jean a découvert le côté féminin de son âme. Comme une parabole. L'anneau d'or est signe d'union sacrée : « Dans la psychologie masculine, la belle-mère symbolise l'inconscient dans son rôle destructeur, dérangeant [33]. »

---

[33]   Marie-Louise von Franz, *L'interprétation des contes de fées*, Éditions La Fontaine de Pierre, 1980, p. 146.

721.   *Je te somme, petit matamore,*
722.   *de retrouver*
723.   *ce bijou que plus d'un a convoité.*

Ti-Jean s'oblige à trouver le sens divin, sacré, de cette union. Il doit aller au fond du puits. À la fois dans le monde souterrain et le monde marin. Les profondeurs de l'utérus où la vie a commencé. Aller chercher là le secret de la création.

724.   *Et c'est uniquement à l'aide de ce seau*
725.   *que tu puiseras dans les profondeurs de ces eaux.*

Ti-Jean se donne un indice : s'il faut puiser, il faut un récipient. Un seau sans description, comme une idée vague. Une intuition.

726.   *Si tu ne me l'as pas rapporté*
727.   *demain matin,*
728.   *tu entendras gémir le tocsin*
729.   *en enfilant, devant la grange,*
730.   *ta tête dans la potence!*

Si l'enjeu est de plus en plus menaçant, il est permis de penser qu'avec l'expérience acquise et les épreuves surmontées, Ti-Jean en mesure la portée.

731.   *Ce seau?*
732.   *Il resta bête!*
733.   *Il coulait comme une épuisette!*

734.   *Son siau!*
735.   *Ti-Jean n'a pas fait l'idiot.*

Ti-Jean se sent dépourvu. Il trouve qu'il ne raisonne pas mieux qu'une bête. Ce seau, c'est lui, ce sot. Qui ne retient pas l'eau? C'est lui qui n'a pas retenu la leçon. Sa mémoire a des fuites. A-t-il donc présumé de ses forces?

736.   *Il a bâillé et est allé se coucher*
737.   *dans la même chambre hantée.*
738.   *Au bout de la nuit,*
739.   *un hoquet sournois le désengourdit.*
740.   *Chialant, chiali.*
741.   *Il passa la main sous le lit*
742.   *et, dans le noir,*
743.   *plutôt que d'attraper son mouchoir,*
744.   *agrippa la jarretière fleurie.*

La chambre hantée, c'est le subconscient de Ti-Jean qui lui fait signe. S'il s'en remettait à ses forces occultes? Le lit. Le noir. La peine. Le mouchoir. La jarretière.

745.   *— Tiens! C'est cette petite dentelle...*
746.   *qui me mène à ma perte.*
747.   *Si au moins j'avais parlé à ma belle,*
748.   *la Belle Jarretière verte...*
749.   *Un-deux.*
750.   *Un-deux.*
751.   *Un-deux-trois-quatre-cinq-six-sept.*
752.   *Amulette. Amulette.*
753.   *Pourvu que la chance te guette.*
754.   *Un-deux.*

755.   *Un-deux.*
756.   *Un-deux-trois-quatre-cinq-six-sept.*
757.   *Amour. Amour.*
758.   *Rends-moi la mémoire du jour.*

Ti-Jean joue avec les images au rythme incantatoire de sa berceuse.

759.   *— Oh! Merveille des matins!*
760.   *Bonnet-Rouge, grouille-toi les reins,*
761.   *Le joyau! Viens voir. Viens!*

Ti-Jean a eu raison encore une fois. Son subconscient a fait son œuvre. La nuit a porté conseil.

762.   *Gosier éclairci, Ti-Jean est debout qui pérore.*
763.   *Plus de mouchoir au creux de sa main.*
764.   *Pas plus que mémoire de chagrin.*
765.   *Mais le précieux anneau d'or!*

Non, il n'est pas bête. Puisqu'il pérore, il a trouvé le langage de la subconscience. Dans l'image des mots se trouvent les solutions. Il lui fallait traverser ces trois épreuves pour trouver. C'est fait. C'est maintenant lui, Ti-Jean, qui est roi. Qui a droit à la procréation. Il détient l'anneau d'or.

766.   *— Bon sang de bon sang! Ti-Jean, tu es retors.*

Ti-Jean prend confiance.

767.   *Tu m'as coûté cent chevaux noirs à sabots d'or.*

Encore inexpérimenté, Ti-Jean se souvient qu'il s'était dit qu'il lui fallait des chevaux pour avancer. Le cheval noir : monture intrépide et mystérieuse qui saura fouiller la nuit. Qui saura vaincre la peur. À plus forte raison cent chevaux noirs (ligne 48)! C'est l'infini. Nul recoin ne pourra lui échapper.

768.   *Cent bœufs à cornes d'or.*

Il se souvient aussi des désirs exprimés au sujet des bœufs dont il avait besoin pour se défendre (lignes 63 et 64) : je veux maintenant un symbole de force physique, virile. Avec des cornes pour attaquer l'ennemi. Des cornes pour tirer des charges. Mais des cornes d'or. Seuls appendices propres à traquer le mal. Le malin, Bonnet-Rouge lui-même. Des cornes attachées au crâne. Des rayons de lumière qui éclairent le subconscient.

769.   *Tu as déjoué*
770.   *toutes les corvées imposées.*

La première épreuve : déblayer l'érablière.
La seconde : nettoyer l'écurie.
La troisième : retrouver l'anneau au fond du puits.

Le conte pourrait finir ici. Ti-Jean a passé victorieusement les trois épreuves grâce au moyen surnaturel qu'aura été la jarretière verte. Mais c'est là la particularité de ce conte. Même s'il est long, il a su traverser le temps et laisser dans la mémoire le souvenir de l'importance de toute une nouvelle flopée d'épreuves. Cet inconscient collectif tel que Jung le conçoit pour expliquer la portée de certaines valeurs dans le développement de la personnalité, comme inhérentes à chaque individu de génération en génération. Lorsque je le raconte, mon conte dure 45 minutes de narration, sans interruption. C'est très long, autant pour le conteur qui doit garder le suspense, que pour le spectateur qui ne se permet pas de bouger pendant tout ce temps pour ne pas troubler la magie. Alors, si le conte se poursuit pendant un quart d'heure de plus, il y a une raison.

Certains conteurs en ont fait un conte qui durait quelques heures! Les versions dont je me suis servie élaboraient longuement sur le développement de la suite qui met Ti-Jean en relation avec la mère.

Je présente ce conte comme un conte initiatique. Comment départager la recherche, le travail de création, et favoriser à la fois une lecture de l'inconscient? Ce que je vois donc, dans ce rebondissement, c'est que Ti-Jean se dit finalement que s'il a réussi aussi facilement, il y a sûrement des sphères qu'il n'a pas touchées. Qu'il a pris l'habitude de chercher. Qu'il doit continuer la partie. Le jeu devient une joute.

771.   *Cette fois, mon petit gars,*
772.   *tu ne réussiras pas*
773.   *à briser ma famille.*

Et puis... comment garde-t-on une famille unie? Avec des éléments de sa composante aussi disparates que des garçons et des filles?

774.   *En oiseaux, je vais remodeler mes filles!*

Il y a un monde que Ti-Jean n'a pas exploré au-dessus de tout cela. La vie spirituelle. L'oiseau peut symboliser une sphère au-dessus. Il vole dans le ciel. Il s'approche du soleil. De la lumière. De la vérité. Du divin.

775.   *— Quel oiseleur futé tu fais!*
776.   *Laisse-moi deviner ton ascendant!*
777.   *Toi, tu dois tenir de l'épervier.*
778.   *Mais cessons nos compliments.*
779.   *Tu me donnes le goût de convoler.*
780.   *— Ti-Jean, prends garde,*
781.   *c'est la dernière fois*
782.   *que tu te ris de moi.*
783.   *À présent, à mon tour, que je te bombarde!*

Ti-Jean a pris du poil de la bête. Il a franchi une étape. Il joue avec le discours. L'humour. Il se prend moins au sérieux.

784.   *Je vais métamorphoser mes trois filles.*

Puisque Ti-Jean n'a pas su se débrouiller consciemment dans le monde des filles, il va tenter de changer sa forme de pensée. La métamorphose, la transformation, c'est sur lui qu'elle va s'opérer. Trois filles? Trois équivaut à une énigme à résoudre.

785.   *Tu devras identifier ta fiancée*

Ti-Jean devra faire la différence entre une fille et lui.

786.   *du premier coup, dans la file.*
787.   *Elles vont exécuter le vol olympique*
788.   *sous la forme de trois blanches canettes*
789.   *absolument identiques.*
790.   *Ne t'attends pas d'avoir si facilement ma*
         nymphette!

Le canard, oiseau énigmatique, est habile tant sur l'eau que dans les airs. Les canettes symbolisent les filles nubiles.

791.   *Bonnet-Rouge a claqué des doigts*
792.   *et, dans le ciel, on a entendu. Trois-Deux-Un :*
793.   *Coin-coin, coin-coin,*
794.   *coin-coin, coin-coin.*
795.   *Vite, changeons nos dentelles*
796.   *pour nos plumes de canes*
797.   *et volons à tire-d'aile,*
798.   *en droite caravane.*
799.   *Coin-coin, coin-coin,*
800.   *coin-coin, coin-coin.*
801.   *Qu'aucun homme ni garçon*
802.   *N'voient nos transformations.*
803.   *Père et mère, sinon,*
804.   *nous gard'raient en prison.*

Encore une comptine, une berceuse : Ti-Jean a accès à son monde intérieur. En écoutant son propre rythme, son cœur. L'élément surnaturel du conte.

805.	*D'abord de très haut,*
806.	*elles ont fait un tour.*
807.	*Vraiment, de si haut!*
808.	*Ti-Jean ne voyait presque rien.*
809.	*À peine trois petits points*
810.	dans la clarté du jour.

Comme ses pulsions sont puissantes, il n'en voit presque plus clair.

811.	*Au deuxième tour,*

Deuxième tour: nous sommes sur la piste d'un problème à régler.

812.	*même s'il les distinguait mieux*
813.	*en vol à rebours,*
814.	*les larmes lui venaient aux yeux.*
815.	*Il a mis une main en visière.*
816.	*Avec l'autre a agrippé la jarretière.*
817.	*De même façon, il a pu observer,*
818.	*au dernier envol,*

Dernier envol au total: le trois ressurgit.

819.	*la deuxième de la filée*
820.	*qui retenait mal une patte folle.*

La patte folle est le pendant du bas qui tombe sur la chaussure.

143

821.	*Ému,*
822.	*le beau Ti-Jean l'a reconnue.*
823.	*Il n'a pas pu s'empêcher de penser*
824.	*que, même transmuée,*
825.	*la jarretière qui lui manquait*
826.	*l'empêchait de garder*
827.	*sa petite patte recroquevillée.*

Le processus de la réflexion fonctionne. Il apprend à transposer une mécanique plus complexe. Il y a évolution.

828.	*— C'est celle du milieu!*
829.	*— Bon sang de bon sang! De nom de nom!*
830.	*Tu as encore raison.*

La solution, il l'a trouvée. En dehors de lui. À l'extérieur. Au-dessus dans le ciel. Comme le symbole du Saint-Esprit qui inspire une colombe sous la forme d'un oiseau.

831.	*De tous les pores de sa peau, il fulmina, le mage,*
832.	*comme si le feu était pris au village.*
833.	*Dans ce nuage, rouge de rage,*
834.	*les oiselles firent leur atterrissage.*

Comme si les neurones de Ti-Jean découvraient leurs nouvelles fonctions. Elles exultent.

835.	*Petit répit, leur battement d'ailes*
836.	*a fait une brise légère,*
837.	*on eut dit l'archange Gabriel.*

838. *Une nuée qui a rafraîchi le parterre.*

839. *Pas pour longtemps.*

Ces neurones, cette nouvelle faculté, se ressaisissent pour recommencer l'exercice.

840. *Sur un claquement de doigts du père,*
841. *les canettes se sont transfigurées en écolières.*
842. *Toutes pareilles.*
843. *Vêtues de blanc.*
844. *Et que je sautille*
845. *dans la bisbille,*
846. *et que je froufroute*
847. *dans la déroute,*
848. *l'une et l'autre ont interverti les rangs.*
849. *— Cette fois, la benjamine... est derrière!*
850. *Palpant à poing fermé la jarretière,*
851. *Ti-Jean ne s'y trompait pas,*
852. *lui qui voyait un pli à son bas.*
853. *— J'ai réussi! On se marie!*
854. *Adieu la compagnie!*

L'exercice ne serait pas concluant si Ti-Jean ne répétait pas l'exploit en sens contraire. Si le père a réussi à métamorphoser les filles en canettes, l'aboutissement honorable exige que Ti-Jean maîtrise l'envers de cette manœuvre : métamorphoser une canette en fille. Le même processus de réflexion se met en marche. Et le résultat lui donne raison. Il est gagnant.

855. — *Halte, Ti-Jean! Soit, j'ai perdu.*
856. *Mais je ne te laisserai pas fuir*
857. *avec ma fille comme un malotru.*
858. *Quelqu'un d'autre saura t'occire.*
859. *L'apostrophe a eu son effet.*
860. *La mère Rouge-Bonnette*
861. *a surgi sur les entrefaites!*

A-t-il tous les outils en main pour comprendre parfaite-ment ce qui se joue? Il a exploré la figure du père. De son père. Son aspect masculin. Son modèle. Il a étudié la marche à suivre pour comprendre cette figure dominante. Il a appris et en est sorti éclairé. Une facette reste encore inexplorée. Sa mère. Cette femme qui l'a mis au monde. Cette présence qui allait de soi durant l'enfance, mais qui l'a contrarié à l'adolescence (93-94). Elle ne voulait pas non plus qu'il joue au cartes. Elle intervenait dans ses com-bines. Elle lui rappelait la loi de Dieu (100 à 105). Donc la spiritualité. De là, la quête du paradis. La mère spirituelle, la Grande Mère. Qui est donc cette femme troublante? L'inconnue est effrayante. C'est une sorcière. Il faut voir, dans l'attirance que Ti-Jean a pour cette femme, puisqu'il se jette entre ses griffes, une certaine sécurité à retrouver la figure maternelle. Il arrive peut-être mal à s'arracher à sa mère. Pour mieux y parvenir, il lui confère les pires facettes d'une femme, comme s'il se conditionnait pour couper les dernières fibres du cordon ombilical.

Après avoir passé toutes ces épreuves, la Vie lui aura donné le mode d'emploi pour affronter les embûches qu'elle mettra sur son passage. Le conte l'amène graduellement à les reconnaître à cause de l'insistance d'embûches à répétition. C'est le processus obligé pour apprendre. La jalousie de la sorcière à l'égard de sa fille se traduit par la poursuite de Ti-Jean dans le conte, mais de manière transposée : Ti-Jean veut s'extraire d'intentions incestueuses, et sa mère devient alors sorcière. Il a à se purifier de telles intentions pour accéder à sa fiancée, à l'autre, à lui. On pourrait penser, dans cette optique, que les trois autres sorcières relevaient du même ordre de fantasmes. Mais comme il venait de quitter sa mère et son interdit, c'est-à-dire la défense de jouer aux cartes, ses fantasmes s'exprimaient par des figures plus grossières et ayant des significations plus enfantines, plus primitives. S'il se place en situation de poursuite, c'est que ce désir incestueux le hante. Qu'il veut le connaître puisqu'il n'avait pas identifié cette piste pour s'en débarrasser. Quant à la troisième sorcière, sa puanteur peut être troublante pour Ti-Jean. L'enfant reconnaît-il l'odeur du sexe de ses parents? Y mêle-t-il son désir de se marier avec sa mère, comme dans ses rêves où il la voit sous les traits d'une sorcière? L'odieux de rêver d'une telle chose est annihilé puisque ce n'est pas sa vraie mère, c'est une sorcière.

862. *Et les choses se sont gâtées.*
863. *Plus même qu'un conte ne peut en raconter.*

Cette découverte trouble Ti-Jean de façon indicible.

864. *Vociférante, Rouge-Bonnette, la mégère,*
865. *bondissant par-derrière,*
866. *a mis à son mari*

867. *une main au collet,*
868. *tandis que l'autre lui dévissait le poignet.*

Il ne faut pas négliger l'aspect féminin d'une personnalité, sinon elle ressurgit tôt ou tard.

869. *— Bonnet-Rouge!*
870. *Sale tête de gouge!*
871. *Toutes les nuits,*
872. *depuis que Ti-Jean est ici,*
873. *je t'ai bien averti.*
874. *À trois reprises, ne t'ai-je pas fait remarquer*
875. *que s'il dormait comme un bébé*
876. *dans cette chambre hantée,*
877. *c'est qu'il avait le talisman de la benjamine.*

Ti-Jean se rend compte que c'est grâce à la jarretière verte, symbole du sexe féminin, qu'il a fait toute cette route. Symbole aussi du sein maternel qui apaise. Ti-Jean se souvient de cette première nuit cauchemardesque où tout a basculé lorsqu'il a touché la jarretière et pensé à la fille. Il a toujours fait ces gestes : touché la jarretière et pensé à la fille, de façon instinctive, presque automatique, sans jamais véritablement en prendre conscience.

878. *Sur tous les tons je t'ai répété*
879. *que notre finaude gamine*

880. *n'avait plus sa jarretière verte.*

881. *Qu'il fallait se méfier!*

Même s'il a répété plusieurs fois mécaniquement les mêmes gestes, la chose ne tombait pas sous le sens pour Ti-Jean.

882. *Mais non! Toi et ta manie*
883. *de jouer*
884. *et de lancer des défis!*

A contrario, il n'avait qu'une seule manière de procéder. De voir les choses : jouer, tout comme Bonnet-Rouge.

885. *Vois dans quel pétrin*
886. *tu nous as mis.*

Mais la route est barrée. Il ne peut plus avancer.

887. *Maintenant, ne te mêle plus de rien.*
888. *C'est moi qui prends les choses en main.*
889. *Compris?*

Maintenant, une autre étape commence.

890. *Un-deux.*

891. *Un-deux.*

892. *Un-deux-trois-quatre-cinq-six-sept.*

893. *Amulette. Amulette.*

894. *Pourvu que la chance te guette.*

895. *Un-deux.*

896. *Un-deux.*

897. *Un-deux-trois-quatre-cinq-six-sept.*

898. *Amour. Amour.*

899. *Rends-moi la mémoire du jour.*

La comptine, la berceuse chantée par sa mère.

900. *Durant les imprécations menaçantes de la patronne,*

901. *Ti-Jean, timide, s'est glissé aux pieds de sa mignonne.*

902. *Celle-ci a soulevé son jupon.*

Le transfert s'opère vite. Cet aspect féminin, symbolisé par la sorcière, lui donne la force d'agir. Il touche pour la première fois sa fiancée.

903. *Jamais deux cœurs ne battirent de si belle façon.*

Il en éprouve de l'émoi.

904. *Le garçon*
905. *a délicatement roulé l'extensible galon*
906. *sur la cuisse lisse.*

Ti-Jean remet la jarretière en place. Faudra-t-il désormais l'appeler sans son diminutif? Jean? Il n'a plus besoin de talisman. De fantasmer sur ce symbole.

907. *Lui a chuchoté, mystérieux,*
908. *deux mots. Peut-être plus, neuf ou dix.*
909. *Ou onze.*
910. *Sûrement une idée qui ne concernait qu'eux.*

Il énumère et formule pour lui-même le mystère qu'il vient d'éclaircir. Le subconscient s'est fait entendre du conscient. Comme au sortir d'un rêve. Un oracle.

911. *Tout est allé comme en un songe.*
912. *Elle a souri dans une incantation.*
913. *Ils ont roucoulé.*
914. *Et de cette secrète chuchoterie*

Fort de cette découverte, il met aussitôt en œuvre son nouveau pouvoir.

915.   *se sont mués*
916.   *en pigeons*
917.   *dans une spectaculaire évasion.*

Il se transforme lui-même. Serait-ce l'individuation dont parle Marie-Louise von Franz[34]?

918.   *Non sans ponctuer dans un impertinent*
         soubresaut,
919.   *comme les vrais oiseaux,*
920.   *leur réussite éclatante*
921.   *par une tragique chute de fiente*
922.   *sur la tête*
923.   *de la Rouge-Bonnette.*

Le petit garçon n'est jamais loin. Hors de portée de sa mère, Ti-Jean se venge. S'affirme.

♥ ♦ ♣ ♠

[34] Marie-Louise von Franz, *op. cit.*, p. 146.

924.   *Là-dessus... Elle a éclaté, la dragonne!*
925.   *Se torchonnant la trogne,*
926.   *elle a aussitôt pris la relève.*
927.   *Elle n'a ménagé ni ses jours ni ses veilles.*
928.   *Elle a couru, les a rattrapés, les a reconnus,*
929.   *les a enfargés, les a reperdus de vue.*
930.   *Elle a remué la planète*
931.   *et tous les plans qu'elle avait en tête.*

Ti-Jean a besoin de ces joutes. La provocation lui fournira l'occasion de se mesurer. À ses yeux et à ceux de sa fiancée.

> Dans la psychologie masculine, la belle-mère symbolise l'inconscient dans son rôle destructeur, dérangeant et dévorant... La vieille femme présente donc un caractère ambigu : d'une main, elle détruit et de l'autre, elle mène à la réussite. Étant la mère terrifiante, elle symbolise la réussite naturelle qui s'oppose au développement d'une conscience plus haute mais qui, par ailleurs, fait appel aux qualités exceptionnelles du héros. En d'autres termes, en le persécutant, elle lui rend service. [...] une image maternelle négative qui cherche à l'isoler de la vie et à l'absorber[35].

932.   *Sorcière*
933.   *jusqu'au bout des ongles,*
934.   *elle les a pourchassés*
935.   *par forêt, par désert*

---

[35]   Marie-Louise von Franz, *op. cit.*, p. 147.

936. *et par jungle.*

937. *Elle a fait surgir,*

938. *comme à plaisir,*

939. *pour les entraver,*

940. *des montagnes de savon, de brosses et d'étriers.*

Le nombre trois refait surface dans cette série de poursuites. (935) La forêt, lieu angoissant, sombre, qui cache des bêtes sauvages, c'est la nuit avec son cortège d'appréhensions et de cauchemars. (935) Le désert, le contraire de la forêt. Sol à découvert à perte de vue. Sol aride. Soleil brûlant. Pour nous ici, dans ce pays de neige, les images du désert sont souvent celles que l'évangile a laissées dans l'imagerie populaire. Un lieu sans abri. Asséché. Fréquenté par le Diable et ses tentations. (936) La jungle. Mot exotique. Un renforcement de la forêt. Avec une variété d'animaux encore plus féroces et sournois.

On peut imaginer à quels abîmes ces poursuites contraignent Ti-Jean. (937 à 940) Obstacles insurmontables à franchir. Mais dont Ti-Jean viendra à bout. Il ne faut pas oublier qu'il s'est sauvé avec la Belle Jarretière verte. Il possède donc plus de pouvoir. C'est-à-dire qu'il a mûri. A passé par des épreuves. A appris de ses expériences et, de ce fait, il peut encore se surpasser.

Certaines des différentes versions dont je me suis servie pour élaborer mon conte s'attardaient longuement sur ces nouvelles péripéties avec la Rouge-Bonnette. Assujettie à la durée maximale d'un enregistrement, j'ai décidé de ne pas m'attarder à cette étape du conte. D'ailleurs, comme je l'ai déjà mentionné, le conte aurait pu être complet après la dernière épreuve imposée à Ti-Jean par Bonnet-Rouge. Néanmoins, j'ai choisi de faire mention de l'intervention de la magicienne plutôt que de l'omettre, afin de respecter la tradition qui nous a transmis ces motifs. La mémoire populaire n'a pas stocké ces motifs en vain.

En effet, on se rendra compte que le genre d'épreuves qu'impose la belle-mère mène à un autre niveau. Tandis qu'avec le magicien, les tracasseries se passent dans la maison et autour de celle-ci, la Rouge-Bonnette, elle, élargit son champ d'action loin du foyer. Le monde est sa plateforme. Avec le bonhomme, Ti-Jean explore son monde intérieur, alors qu'avec la bonne femme, c'est de sa confrontation avec la société dont il est question. De prime abord, ce scénario me paraît plutôt curieux. Il semble y avoir contresens avec la norme des symbolismes qui caractérisent habituellement un conte. On s'attendrait en effet à ce que la femme symbolise le monde intérieur et l'homme le monde extérieur, alors que c'est le contraire qui se produit ici. La sagesse populaire a dû retenir cette apparente contradiction pour renforcer et rendre plus percutant le message. À savoir celui de développer parallèlement les aspects à la fois masculin et féminin de la personnalité du héros. Le cas n'est pas unique : on trouve une malice du genre dans le conte de tradition populaire *Le diable et ses trois cheveux d'or*. Le Ti-Jean de ce conte veut s'identifier au diable dans sa quête d'absolu. Un jour, je racontais justement ce conte à un groupe d'adolescents, quand lors de la discussion, après la narration, l'un d'eux a dit : « Ce sont les bandits qui font le bien, alors que le roi, qui est censé représenter le bien et la justice, fait le mal. » Ce qui a ainsi alimenté la discussion avec les adolescents à la fin de la narration.

941.   *A-t-elle raffiné ses épreuves?*
942.   *Oui, comme seules les furies le peuvent.*
943.   *Elle a joué avec les pertes de mémoire.*

La Rouge-Bonnette a touché à la mémoire de Ti-Jean. Lui qui, au début du conte, oublie l'avertissement de la fille du magicien. Il utilisera la jarretière inconsciemment, mécaniquement. Ne retiendra pas que c'est un talisman. Ce motif s'élabore plus ou moins de la façon suivante dans diverses versions : Ti-Jean veut rentrer chez ses parents. Il s'ennuie d'eux. La Belle Jarretière verte lui dit qu'il peut retourner les voir à condition de n'embrasser personne. Revenu chez lui, un petit chien l'embrassera et lui fera perdre toute souvenance. Il recouvrera la mémoire grâce à l'intervention de la Belle Jarretière verte.

Oui, Ti-Jean oubliera jusqu'à sa nouvelle épouse. Il oubliera toutes ses expériences. Ou les refoulera. Trouvant trop éprouvantes les étapes qui se succèdent. Il lâchera prise.

944.   *Même avec l'énigme de la clé du manoir.*

Le motif de la clé, voilà ce à quoi il réfère. Ti-Jean se trouve au château de ses parents, pendant le souper de ses noces avec une autre fiancée. Une domestique se présente et pose cette devinette :

> Un homme a perdu la clé d'un coffre.
> En fait refaire une autre.
> Retrouve la première.
> Laquelle doit-il garder?

Ti-Jean répond qu'il doit garder la vieille clé. Se faisant passer pour une bonne, il s'agit en réalité de la Belle Jarretière verte qui le rejoint. Ainsi était-il marié avec elle. Ainsi devait-il revenir à elle. Et il recouvre la mémoire.

945.   *Jusqu'aux bottes de sept lieues,*
946.   *elle se servira, la visionnaire,*

Les bottes de sept lieues: «Au temps des *contes*, ces bottes étaient très à la mode. On devine facilement comme cela était commode[36].» Je ne résiste pas à cette occasion qui m'est donnée de me citer. En effet, comme elles reviennent souvent dans les contes traditionnels, ces merveilleuses bottes! Qui propulsent le héros et font rêver l'auditeur. Elles disent, au fond, que si l'on a le bon instrument, le savoir-faire, l'espace à franchir entre une étape et une autre est presque inexistant. Le temps n'existe pas. Le conteur dit à Ti-Jean, le faible du conte, que si l'espace et le temps n'existent pas, on est un géant. Au-dessus de la mêlée, au-dessus de soi.

947.   *pour passer à travers*
948.   *des nuées: la rouge, la noire et la bleue.*

Nuée. Ce mot n'est pas très souvent utilisé dans notre langage courant, il me semble. Les anciens l'employaient chez nous, du moins dans les versions que j'ai consultées. L'expression courante maintenant est: «être dans les nuages». Dans les vapes. Nuée rouge: le feu, l'enfer, le

---

36 *Contes populaires du Canada français*, «L'oiseau de vérité», Éditions Planète rebelle, 2011, 232 pages, p. 109.

danger. Nuée noire : la nuit, l'angoisse, les cauchemars. Nuée bleue : la pureté, la lumière au bout du tunnel.

949.   *N'y pouvant suffire seule, une bonne journée,*
950.   *l'affreux couple s'est raccommodé.*

L'affreux couple s'est raccommodé : Ti-Jean a fait le pas vers l'individuation. Il accepte le fait que son fonctionnement soit géré par l'ombre et la lumière. Par le conscient autant que par l'inconscient.

951.   *Travaillant de pair,*
952.   *ces père et mère tortionnaires,*
953.   *Bonnet-Rouge et Rouge-Bonnette,*

Ti-Jean reconnaît ces forces vives qui l'alimentent. Il les nomme par leur nom : Bonnet-Rouge, Rouge-Bonnette, les dénominations de son mode de réflexion masculin et féminin.

954.   *voulurent déjouer les fiancés*
955.   *par une manœuvre de passe-passe secrète.*

Il n'y a plus de secret pour Ti-Jean. Il forme déjà un couple avec leur fille. À l'image de ces tortionnaires. C'est le yin et le yang. Le couple clair c'est Ti-Jean et La Belle Jarretière. Le couple sombre, l'obscurité, Bonnet-Rouge et Rouge-Bonnette.

956. *Les parents en canards se transformèrent.*

957. *Mais, pour leur malheur, ils gesticulèrent si fort,*

958. *avec leurs mauvais sorts,*

959. *qu'ils en perdirent la tête.*

960. *En effet, la Belle Jarretière verte,*

961. *s'amusant avec une perche près d'un étang,*

962. *lançait du grain en l'air pour attirer les oiseaux.*

963. *Les faux canards, feignant de picorer,*

964. *se faufilèrent pour profiter de la becquée.*

965. *Mais de trop près s'aventurèrent dans les roseaux.*

966. *La nymphette,*

967. *avec en mémoire son art de se changer en canette,*

968. *les a reconnus.*

969. *Elle ne s'y est pas trompée.*

970. *Elle leur a dit : « Vous ne serez pas au rendez-vous. »*

971. *Et de sa baguette,*

972. *elle leur a rompu le cou.*

Comme le scorpion, les parents se mordent la queue. Ils ont épuisé leurs ressources. Ils ont fait le tour de la panoplie du pouvoir. Ti-Jean a exploré toutes leurs munitions. En a fait son profit. Voyant revenir des astuces dont il s'est servi pour déjouer leurs plans, entre autres la métamorphose en oiseaux, il démonte facilement leur mécanique. Il n'y a plus de secrets dans leur subterfuge. La Belle Jarretière verte. Ti-Jean. C'est la même personne. L'énigme du Sphinx?

> 1er *D'où viens-je?*
> 2e *Qui suis-je?*
> 3e *Où vais-je?*

À ces trois questions qui le taraudaient, il a répondu. Notre héros a intégré les leçons que la vie lui a imposées. Il en a fait sa manière de fonctionner. Il faut savoir distinguer l'ange du diable. Le bien du mal. Et décider. Trancher. Donner le grand coup.

973. *Un-deux.*
974. *Un-deux.*
975. *Un-deux-trois.*
976. *Un-deux.*
977. *Un-deux.*
978. *Un-deux-trois.*
979. *Quatre-cinq-six-sept.*

La comptine, la berceuse. La mémoire de la forme qui revient. Il n'y a que la forme, le fond est désormais sans signification.

980. *Et compte, compte, compte jusqu'à cent sept.*
981. *Les sorciers se sont mêlés dans leurs formules.*
982. *Ont embrouillé la science occulte.*
983. *Ils n'ont plus jamais été rougeauds.*
984. *Ils perdirent la tête,*
985. *le Bonnet-Rouge et la Rouge-Bonnette,*
986. *Et ont fini par finir*
987. *comme des vermisseaux.*
988. *Morts en plein délire.*

Ti-Jean, qui est passé maître des formules incantatoires, des mises gagnantes sans faille, de quoi faire sauter la banque, voit tout à coup s'effondrer son château de cartes. Son enfance, son adolescence. Désormais, il a tout en main pour jouer à coup sûr.

989. *De tout ce qui a été dit*
990. *depuis des générations,*
991. *autant dans les récits que les romances*
992. *concernant leur disparition,*
993. *c'est que leur partance*
994. *fut le plus grand tour de sorcellerie*
995. *jamais réussi.*
996. *Oui.*
997. *Ti-Jean a joué gagnant*
998. *et,*
999. *depuis ce jour, il chante à tout venant :*
1000. *Qui a su mieux que moi, en jouant,*
1001. *semer de-ci de-là tous les perdants.*
1002. *Avec ma tout'belle et son bas pendant,*
1003. *j'ai dû remplir de joie mes bons parents.*
1004. *Puisqu'ils m'ont pardonné en trépassant.*
1005. *Et sur un vrai testament, noir sur blanc,*
1006. *m'ont donné leur château et le roulant.*
1007. *Que je légu'rai à mon tour à mes enfants*
1008. *s'ils trouvent une jarretière comme talisman.*

Ti-Jean, Bonnet-Rouge et la Belle jarretière; trois en un. Serait-ce cette trinité qui est la symbolique du conte?

♥ ♦ ♣ ♠

Et comme disait mon grand-père :
Et quitte, quitte, quitte.
Mon petit conte est fini !

♥ ♦ ♣ ♠

Voir note 32, page 119 : Il existe une controverse concernant la graphie du mot verre ou vair (fourrure de l'écureuil appelé petit-gris). Personnellement, j'opte pour l'épellation «verre», tout d'abord parce qu'il s'agit de celle retenue par Charles Perrault, telle que présentée dans *Le cabinet des fées*, tome I, une compilation de Charles-Joseph de Mayer publiée à Amsterdam en 1785 où, à la page 40, Perrault donne à son conte le titre «La petite pantoufle de verre». Wikipédia, l'encyclopédie libre, traite de la controverse en référant à la tradition orale française et en invoquant l'ouvrage de Paul Delarue, *Le conte populaire français*, tome II; on nous renvoie aussi à l'autorité de Charles Illouz et Alain Dundes qui «ajoutent que la pantoufle de verre se retrouve dans d'autres contes provenant de diverses régions, comme la Catalogne, l'Irlande ou l'Écosse, où l'homonymie française ne peut pas porter à confusion».

Bibliographie sélective

« La Belle Jarretière verte »,
conte-type 313

Antti Aarne & Stith Thompson, *The Types of The Folktale*, Helsinke, Ed. Suomalainen Tiedeakatemia, Academia Scientiarum Fennica, 1981, p. 104.

Paul Delarue, *Le conte populaire français*, Éditions Maisonneuve et Larose, tome I, 1976, p. 199.

Robert Lalonde, *Contes de la Lièvre*, « La Belle Jarretière verte », Éditions de L'Aurore, 1974, p. 29.

Clément Légaré, *La bête à sept têtes et autres contes de la Mauricie*, Éditions Quinze, coll. La Tuque Rouge, 1980, p. 75.

Madame la comtesse d'Aulnoy, *Le cabinet des fées*, « L'Oranger et l'Abeille » tome II, Éditions Amsterdam, 1735, p. 304.

Archives de folklore, Université Laval, Québec :

COLLECTION DOMINIQUE GAUTHIER
« John Bigerman », bob. 014, enreg. 094, Shippagan, Nouveau-Brunswick ;
« Le chant et les trois petits » ou « Le joueur de marbres », bob. G.9 enreg. G.53, Glouscester, Nouveau-Brunswick, « 10 », G.58 ;

«Jack le diable» ou «Le beau noir», bob. A-7,
enreg. 0-40, Shippagan, Nouveau-Brunswick;
«John Red Bigerman», enreg. 4, Fos-Creek, Saint-
Anselme, Westmorland, Nouveau-Brunswick;

COLLECTION CONRAD LAFORTE
«Le grand joueur de cartes», bob. D1, enreg. L23,
L'Anse-Saint-Jean, Chicoutimi;

COLLECTION ABBÉ CLIFFORD GREENE
«Le Bonnet Rouge», bob. 1, n° 9;

COLLECTION CLIFFORD GREENE
«Le Bonnet Rouge», bob. 2 et 3, n° 21;

COLLECTION YVAN BOUCHER ET CÉCILE ROBITAILLE
«Bâtiment qui va par terre et par mer», bob. 1,
enreg. 10;

COLLECTION DE L'UNIVERSITÉ DE SUDBURY, ONTARIO
«Le Prince de Ronzeau», enregistré par Jean Chabot;

COLLECTION JEAN-CLAUDE MARQUIS,
SAINT-RÉDEMPTEUR, MATANE, QUÉBEC
«La Jarretière Verte», enreg. 161.

Germain Lemieux, Les vieux m'ont conté, Éditions Bellarmin,
1977-1989
«La Belle Jarretière verte», tome 2, p. 139, tome 3, p. 19;
«Le Grand Bonnet-Rouge», tome 4, p. 347;
«Le Prince de Ronzeau», tome 5, p. 59;
«La belle jarretière verte», tome 6, p. 179;
«Bonnet-Rouge et Joueur-de-Marbres», tome 12, p. 13;
«Jean de Calais et Jean-la-cane (Decollais)», tome 15,
p. 161 et «Ti-Jean et le ruban vert», p. 181.

Bibliographie de soutien à l'analyse

Ernest Aeppli, *Les rêves*, Éditions Petite Bibliothèque Payot, 2002, 309 pages.

Louis-Alexandre Bélisle, *Dictionnaire général de la langue française au Canada*, Bélisle Éditeur, 1944-1954, 1390 pages.

Bruno Bettelheim, *Psychanalyse des contes de fées*, Éditions Robert Laffont, 1976, 400 pages.

Mircea Eliade, *Aspect du mythe*, Éditions Idées / Gallimard, 1963, 245 pages.

Jean Chevalier et Alain Gheerbrant, *Dictionnaire des symboles*, Éditions Robert Laffont / Jupiter, 1982, 1140 pages.

Maurice Guinguand, *L'ésotérisme des contes de fées*, Éditions Robert Laffont, 1982, 225 pages.

Carl Gustav Jung, *Les racines de la conscience*, trad. Étienne Perrot et Yves Le Lay, Éditions Buchet/Chastel, 1971, 640 pages.

Carl Gustav Jung, *L'Homme à la découverte de son âme*, trad. Dr Roland Cahen-Salabelle, Éditions du Mont-Blanc, 1944, 403 pages.

Carl Gustav Jung, *Psychologie et alchimie*, trad. Étienne Perrot, Henry Pernet et Roland Cahen, Éditions Buchet/Chastel, 1970, 705 pages.

George Laport, FF Communications, vol. XXXVII, n° 101-102, *Les contes populaires wallons*, Éditions Helsinki, Suomalainen Tiedeaktemia, Academia Scientiarum Fennica, conte-type 313, 1932, 144 pages.

Éloïse Mozzani, *Le livre des superstitions*, Éditions Robert Laffont, 1995, 1822 pages.

Alain Rey, *Dictionnaire universel d'Antoine Furetière*, Éditions Le Robert, tomes I, II et III, 1984.

Jacques de la Rocheterie, *La symbologie des rêves*, Éditions Imago, 1984, 320 pages.

Luc Uyttenhove, *Dictionnaire des rêves*, Éditions Marabout, 1982, 285 pages.

Marie-Louise von Franz, *L'interprétation des contes de fées*, Éditions La Fontaine de Pierre, 1980, 237 pages.

Johann Wolfgang von Goethe, *Le Serpent vert, conte symbolique*, Éditions du Symbolisme, 1935, 200 pages.

De la même auteure

Contes populaires du Canada français, livre avec CD,
Éditions Planète rebelle, coll. « Mémoires », 2011,
232 pages.

La Chatte blanche. Et autres contes du Canada français, livre
avec CD, Éditions Stanké, coll. « Coffragants », 2005.

Ah démone, suivi de Pandore, poésie, Éditions Hélio, 2000,
143 pages.

L'une des mille et une nuits, contes, textes et CD, revue *Stop*
(Planète rebelle et les conteurs), 1998.

Contes à rire et à dire, Guérin littérature, coll. « Culture
populaire », 1994, 172 pages.

Contes à raconter et à écouter, Guérin littérature,
coll. « Culture populaire », 1988, 295 pages.

En collaboration

Sur le bord de l'eau, Université Laval, Célat, n° 2, mai 1986.

Guide pédagogique, ministère de l'Éducation du Québec,
Littérature de jeunesse, français au primaire, 1981,
troisième fascicule, 127 pages.

Séries pour enfants

Auteure et interprète du personnage Marie Quat'Poches, *La Boîte à Surprise*, télévision de Radio-Canada, 1960 à 1975.

Interprète du rôle de Bubu, émission *Passe-Partout*, 2e série, télévision de Radio-Canada, Québec et Ontario, et Télé-Québec.

Poèmes parus dans:

Les saisons littéraires, solstice d'hiver, 1994-1995. Guérin littérature, 1995, 489 pages.

Anthologie 1994-2001, Poètes des SAISONS des poètes, 2001, 535 pages.

Poètes québécois d'aujourd'hui, 1994-1997, Guérin littérature 1998, 315 pages.

Dictionnaire des poètes d'ici. De 1600 à nos jours, sous la dir. de M.-A. Guérin et Réginald Martel, 2001, 1057 pages.

Achevé d'imprimer en février 2014
sur les presses de
Marquis imprimeur inc.

Imprimé au Canada • Printed in Canada